"十二五"国家重点图书出版规划项目
新视野教师教育丛书·学校组织变革译丛

卓越、公平与效率

——校长和政策制定者如何在"三角张力"中求生

〔美〕罗伯特·希斯(Robert Hess) 著
肖 晓 王乐荣 译
黄海涛 审校

北京大学出版社
PEKING UNIVERSITY PRESS

著作权合同登记号 图字：01-2012-1156

图书在版编目(CIP)数据

卓越、公平与效率：校长和政策制定者如何在“三角张力”中求生/(美)希斯(Hess,R.)著；肖晓，王乐荣译. —北京：北京大学出版社，2013.9

(新视野教师教育丛书·学校组织变革译丛)

ISBN 978-7-301-22914-9

Ⅰ.①卓… Ⅱ.①希… ②肖… ③王… Ⅲ.①中学教育—文集 Ⅳ.①G63—53

中国版本图书馆 CIP 数据核字(2013)第 173373 号

Excellence, Equity, and Efficiency: How Principals and Policymakers Can Survive the Triangle of Tension by Robert Hess

Published by agreement with the Rowman & Littlefield Publishing Group through the Chinese Connection Agency, a division of The Yao Enterprises, LLC.

书　　名：**卓越、公平与效率——校长和政策制定者如何在“三角张力”中求生**

著作责任者：〔美〕罗伯特·希斯(Robert Hess)　著　肖　晓　王乐荣　译

责 任 编 辑：赵学敏

标 准 书 号：ISBN 978-7-301-22914-9/G·3673

出 版 发 行：北京大学出版社

地　　址：北京市海淀区成府路 205 号　100871

网　　址：http://www.pup.cn　新浪官方微博：@北京大学出版社

电 子 信 箱：zyjy@pup.cn

电　　话：邮购部 62752015　发行部 62750672　编辑部 62754934

出版部 62754962

印　刷　者：北京富生印刷厂

经　销　者：新华书店

787 毫米×1092 毫米　16 开本　10.75 印张　120 千字

2013 年 9 月第 1 版　2013 年 9 月第 1 次印刷

定　　价：28.00 元

本丛书由以下项目资助：
上海市浦江人才计划“学校委托管理有效实施的研究”
（项目编号：C-90）
上海市教委重点学科建设项目：比较教育学
（学科编号：J50404）
上海师范大学《教师教育学科群内涵建设工程》
教育管理学重点学科建设项目

译丛总序

从20世纪80年代至今，我国当代的教育变革已经有三十余年的历史了。这场变革涉及教育的不同层面，既包括微观的课程、教学变革，也包括中观的学校组织变革和宏观的教育制度变迁。三十年间，教育变革始终是我国社会变革的重要组成部分，对于教育和社会发展都起到了促进作用。但同时，教育变革仍然在进展当中，尚存在许多需要解决的问题，呼唤着教育研究者进行更深入的研究和思考。

实际上不仅是在我国，20世纪80年代以来，各个国家的教育变革颇为频繁，几乎成了一种全球性的趋势。其中，因为在世界经济、政治、文化发展中的重要地位，美国的教育变革备受瞩目。在新公共管理运动的背景下，美国基础教育变革强调通过"家长选择"在公立学校内部以及公立学校和私立学校之间引入竞争机制，以促进公立学校办学效率的提升、学生学习能力的提高，从而实现教育的卓越性。我国教育变革的目标与美国大不相同，我们恰恰需要减缓学校之间围绕升学率进行的激烈竞争，把学生从学业竞争压力之下解放出来，使他们的学习生活变得更加宽松和有个性。

中美两国教育变革目标的不同源于两国在教育发展阶段、教育文化特征以及社会文化背景等方面的差异。但是考察两国20世纪80年代以来的教育变革，却又可以发现颇多相通之处。首先，两国的教育变革都致力于调整政府与学校之间的关系，倾向于控制政府教育行政部门对学校的过多干预，增强学校的自主权。其次，两国的教育变革都努力促使教育服务提供的方式多样化，涌现出了多种制度创新的模式，并互为借鉴。在美国，磁石学校、特许学校、教育凭证、教育公司、多元投资组合模式等各种教育变革举措共同组成了如火如荼的教育选择运动。我国的民办学校、股份制学校等多种办学模式的出现也让学生和家长在传统的公立学校之外有了更多的选择。美国的教育凭证制度更是被引入中国教育变革实践中，在浙江、湖北、四川等多个省市的基础教育领域产生了影响。

发生在同一时代背景之下，变革路径又有相通之处，正因为如此，我国教育学界对美国教育变革实践和研究多有关注。本译丛则专注于介绍美国在教育制度变迁和学校组织变革方面新近的研究成果，一方面，在我国现有译介他国教育的丛书中，以此为专题的，尚且没有；另一方面，这也是各位译者共同的研究志趣所在。

自 2008 年起，上海师范大学教育学院管理系的教师和研究生开始进行学术沙龙活动，隔周相聚，分享、研讨彼此的研究进展。中间虽偶有松懈，但在大家的共同努力下，学术沙龙终于历经数年而不间断，一直坚持了下来。并且，在争论和分享中，有部分参与者围绕教育制度变迁和学校组织变革形成了共同的学术志趣，期望在这个领域中能凝结智慧、形成研究合力。这套丛书，可以算做一个起点。在译丛书目的选择上，我们尽量兼顾“新近”和“权威”两个方面。对我们来说，丛书的翻译是深入学习、夯实研究基础的机会。同时，我们希望译丛的出版能够促进我国教育界对美国教育制度变迁和学校组织变革更多的了解，并以他国为镜，深化对我国 20 世纪 80 年代以来教育变革问题的认识。

笔者虽忝列译丛主编之位，但在策划、组织过程中，高耀明教授和各位参加译丛翻译的同事都无私地贡献了他们的智慧和精力，在此谨致谢忱。同时，感谢上海市浦江人才计划、上海市教委重点学科比较教育建设项目和上海师范大学内涵建设教育管理重点学科建设项目为译丛出版提供的资助。

最后，由于译丛筹划、翻译的时间较为紧张，加之译者学力有限，其中或许存在翻译不准确、不恰当的地方，恳请各位方家批评指正。

翟静丽

2012 年 9 月

前　言

美国的中小学校长正在面临着巨大的压力。这种压力来自于公众，集聚于政策制定者，触发于对学校办学卓越、公平和效率的问责。这种境况在短期内不会改变。一份针对 2 000 多位校长和学区总监的华莱士基金会（Wallace Foundation）问卷调查结果表明，超过 80%的校长和学区总监相信对标准、测试以及问责的需求会一直存在（Johnson，2004）；同样的调查证实了教育家对相关的专项教育法律法规的实施，以及对日渐紧缩的教育资源所带来的影响感到担忧：

> 在整个美国，公立学校的学区总监和校长对学校改革进程中遇到的各种问题感到沮丧。毫无疑问，资金是亟待解决的问题，大部分管理者报告近年来预算问题已经变得越来越严重。（John，2004，24）

本书有两个目的：第一个目的是了解校长如何处理种种压力，这些压力源于追求教育卓越、公平、效率而进行的变革；另一个目的是找到应对策略，这些策略能使校长有效地平衡和满足这些变革的要求。在公立教育领域，为了进一步突破困境，整个国家的校长和学校领导者在资源减少的情况下迫切寻找着解决方案。作为这个领域的实践者，我试图去帮助解决这一问题。

在过去的 40 多年里，已经有了很多关于卓越、公平、效率的文献，而这里讨论的核心问题是如何平衡三者的需求，进而推动学校的改善。本书同时对美国的卓越、公平、效率运动和问责制进行了追踪，因而拥有丰富的研究基础。这个研究项目以访谈校长为基础，从访谈中收集的数据按照关键事件进行分类，即校长在试图满足卓越、公平、效率的要求时曾面临的真实事件和事件发生的情境。

被访谈的校长来自以下几类学校：大城市的初高中、大型郊区的初高中、中等和小型农村的高中，以及八年制学校（K-8 buildings）。这些学校在贫穷、富裕、多样性上存在着广泛的差异。访谈对象中，20%的校长是少数民族，30%是女性。这些学校代表了西北广泛的地理区域。总而言之，在访谈的这些校长中我记录了339个关键事件。

在访谈中，考虑到较大的办学规模和学生分享教师资源能够产生更多层面的复杂性这一因素，我主要关注于中学校长。在这些学校中我假设这种复杂性将会影响到正在寻找的张力。另外，有关教育改革和学校改进的文献说明，高中和初中没有出现我们一开始在小学所期望看到的结果。改革家迈克尔·富兰（Michael Fullan）直言：“无论取得什么成功，都是发生在小学，在高中改革中找不出几个成功的例子，仅有极少数例外。”（2003，41）希望在本书中呈现的观点和理念对致力于改善中学环境的工作有所帮助。

尽管我的访谈针对的是中学校长、小学校长、政策家和教师/管理者，但是，研究计划既关注到研究内容又关注到其应用价值。我们所有人都必须处理好卓越、公平和效率的关系，我们正在“三角张力”（Triangle of Tension）中奋力挣扎。

第一章介绍了“三角张力”及校长试图平衡一些价值观时将会面临的几个关键事件。我探讨了这些价值观相互作用时如何给公立学校的校长制造了一个充满压力的环境。

第二章至第四章考察过去和现在有关教育卓越、公平和效率的一些运动，包括一些校长叙述的关键事件和评论、这些事件对他们的意义，以及在他们的学校中是如何处理的。

第五章梳理了问责制的历史，讨论了校长在处理卓越、公平和效率的关系时曾经经历的改革和成功。在预算缩减的情况下，领导改革的力度和问题解决的能力是相当令人震惊的。

第六章进行了一个转变，即从基于研究的理论阐述转变为如何生存于“三角张力”之中的框架。“学校质量改进”（Quality School Improvement，QSI）框架是理解并成功处理卓越、公平、效率关系的导向，是一个议案。

第七章描述了我在一个学区当校长的情况。在俄勒冈州莱巴嫩学区（Lebanon，Oregon），通过优先权领导这一概念的指导，我们试图管理好“三角张力”。这章介绍了莱巴嫩学区试图寻找教学持续改进的模型，通过系统地拒绝社会推动而又不维持原状，我们学校的教师按照适合孩子们自己的学习速度和学习水平进行教学，努力确保所有的孩子取得进步。

第八章介绍了我在先锋学校的故事。那所学校拥有 500 名学生，设有 1—8 个年级。在本章中我描述了 QSI 框架的应用如何取得了突破性的成就，比如证实 90％的学生在阅读和数学方面达到国家基准。

第九章和第十章介绍了对校长和政策制定者的建议及策略，以帮助他们成功地协调“三角张力”。

在每章节的后面，我列举了一些问题，这些问题有助于我们回顾已经列举的重要概念，促进讨论，或者激发个人发展及对课堂作业的思考，我希望这些对读者能有所帮助。

我是一个公立学校的校长，我热爱我的工作。尽管大部分时间内这项工作是有压力的，但是除了这份工作之外，没有我比较愿意从事的其他工作了，因为我做的这项工作直接影响我们国家最重要的资源，即我们孩子的生活。对于许多去公立学校读书的孩子来说，教育是他们拥有一个更加美好明天的仅有希望，因此这个国家的教育者应每天都精力充沛地去面对“三角张力”，以及学会如何满足孩子们的要求，这种奋斗值得努力。

本书所列的一些概念是经过长达5年时间的巨大努力、学习和不断发展而形成的，在这个过程中有无数的贡献者，因为太多而不能一一列出：优秀的教师团队、父母、学生以及和我一起分享心声的校长、学区总监、优秀的教育家、俄勒冈大学的教授、稻草人教育(Scarecrow Education)的杰出者，还有我自己的家庭和朋友。他们所有的人都积极参与其中，对于他们的帮助，我不胜感激。

本书致力于满足学生的需求，这也是我们所关注的，希望我们能够在小小的胜利中体会到快乐，而不是疲于应付无止境的工作。

目　　录

第一章　驱动变革的价值："三角张力"

> 我们的教育基础正面临被完全侵蚀的危险。今年，我们已开始着手应对，下一年我们将面临更加严峻的考验……现在的问题在于：（校长）如何能够创造性地维持公平与卓越，使学校可以正常运转——然而，由于缺乏基本的教育投入，学校赖以生存的基石如何才能稳定？45 个孩子组成的班级什么时候能到达效率工厂模式，那要看运气。不幸的是，我认为那正是我们发展的方向。
>
> ——大型郊区高中的校长

教育的发展受到它所在时代的文化和社会价值观的影响。在过去 40 年里，公共教育经历了一系列的变革，其中大部分变革是由公共政策推动而发生的。开展卓越运动以来，在学校回应社会问责问题越来越凸显的同时，学区不得不致力于提高资源利用的效率。大量有关公平立法的要求，使得这些变革更加复杂，把（教育行政）管理者推入了困境。

从整体上来看，新公共政策源自于卓越、公平和效率三种不同价值的共同驱动。这些政策的要求使学校及其管理者之间产生了张力。然而，政策制定者、研究者和其他的利益相关者一直认为，这种张力正是促使学校不断改进的动力所在，彼得·圣吉（Peter Senge，1990）的论著就提倡凭借创造性的张力来推动学校的进步，正如我访谈的一位校长所言：

> 我认为张力必须存在。我曾有意识地给员工带来必要的张力。我想传达的信息是，我认为他们确实需要步入成长的轨道。
>
> ——大型郊区高中的校长

张力来源：卓越、公平和效率

有关卓越、公平和效率的价值观是美国教育领域变革的主要推动力。因此，这三种价值观可以称为“张力生成器”(Tension Generators)，因为它们推动政策的变化，产生张力，使对实施改革负主要责任的校长们在学校层面能最终实现变革。然而，有一点不甚清晰：这些价值观通常在什么情况下相互冲突。三者之间固有的张力使得当今学校领导对三种价值观进行有效管理变得更为艰难。特别是涉及真实的人、现实的工作，还有那些确实需要培育的孩子们时。校长们经常深陷于这种张力引发的困境，苦苦挣扎：

> 我宁愿像过去的两个星期那样，埋头于办公室做着预算，那些数字确实令人沮丧。今天我不得不请三个人到我的办公室来，我不得不告诉他们：情况你们是知道的，明年我们就不能继续雇用你们了。我的意思是，这些谈话十分艰难。
>
> ——中等规模农村高中的校长

“三角张力”关系

三角关系可以用来描述卓越、公平和效率这三种价值观在相互竞争之中的关系和张力。在这个三角结构框架中，卓越处于顶点的位置，这是由于对成绩的要求最为频繁，通常以问责的形式加以明确。这种做法形成了目前的教育氛围。图 1.1 描述了卓越、效率和公平之间的“三角张力”。

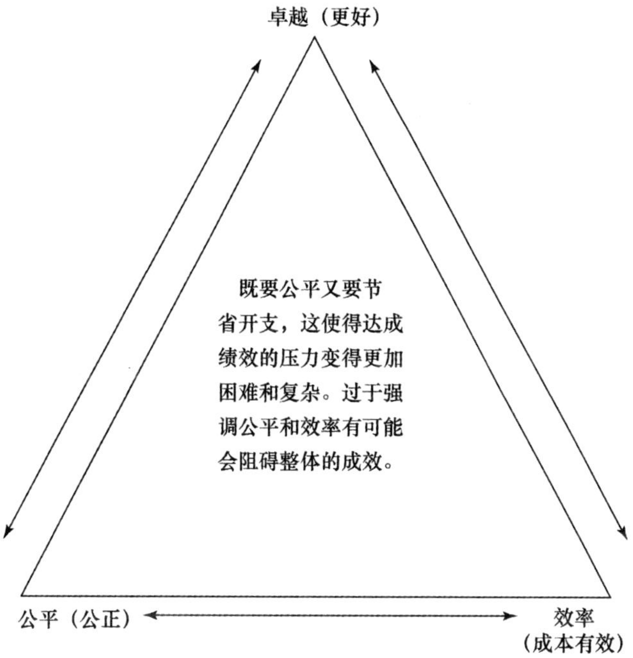

图 1.1　卓越、效率和公平之间的“三角张力”

尽管对卓越的要求是当今教育变革最为强大的推动力，但是为了实现这一目标，领导者们就像走钢丝那样，在公平和效率之间进行着拉锯战。卓越、公平和效率三者同时相互作用，会给当今的学校领导者制造混乱的氛围。一个校长要同时对追求结果的董事会、期待削减开支的教育主管部门以及制定政策的联邦政府负责。学校领导者正在探索这样的管理策略，以带领员工在保持公平和效率均衡的同时，完成追求卓越的复杂任务。校长们证实，这一任务不是那么容易完成的：

明年我们将在一种经费不足的模式下运行。因此，

> 我将要确定什么是绝对必要的。我必须对孩子们负责。究竟什么被强制了？第二件事情——这听起来实在令人害怕——但是可能到了这种地步：高年级只能招收 6 个班，三年级只能注册 7 个班，二年级和一年级只能注册 8 个班。我们确实正迈向萧条时期，试想你正在领导一所不景气的中学的话，那将是何种景象？
>
> ——大型郊区高中的校长

汤姆林森（Tomlinson，1994）已经认识到效率、公平和卓越之间的联系。她坚持认为，效率与 200 多年来为了实现卓越和公平的民主理想而付出的努力相冲突。尽管我们推崇卓越，我们民族的伟大之处很大程度上源于鼓励天才的人们发展他们的能力，但我们的民族也体现了人人生而平等的信仰和公平公正机会均等的观念。用汤姆林森的话说就是：“正如我们的民主一样，学校的健康运行也要通过平衡卓越和公平之间的相互竞争来维持。”（1994，32）

卓越与公平之间的张力

自建国以来，我们国家的领导人一直在追求卓越和公平，这些价值观冲突的根源体现在 1789—1877 年逐渐形成的托马斯·杰斐逊（Tomas Jefferson）和安德鲁·杰克逊（Andrew Jackson）的教育思想。托马斯·杰斐逊倡导发展为精英服务的优质学校，而安德鲁·杰克逊坚持的是人人机会均等的权利。两位总统都认为他们的观念能最好地服务于大众利益，在那个时代，这两种理想都拥有各自的追随者（Zimmerman，1997）。

钟摆一直在卓越和公平之间持续摆动，每隔几十年就有一种新的推力，产生一种反向运动。在过去的半个世纪里，20 世纪 50

年代被看作是一个集中追求科学和数学教育卓越的年代,当时我们国家正在力争把人类送上月球。60 年代初期到 70 年代中期,教育的卓越被搁置一边,全部注意力转向为被剥夺权利的公民群体提供公平的教育,因为这些弱势群体的需要在当时的体制下得不到满足。80 年代到 90 年代初,钟摆的摆动朝着更高的标准迈进。在 90 年代中期,人们开始关注财政资源配置的公平。《不让一个孩子掉队》法案(*No Child Left Behind*,NCLB)[①]最近的实施代表了对追求卓越(高标准)和公平(关注每一个学生,没有一个孩子掉队)的需求。毫无疑问,这一法案在公立学校的社区造成了这种张力和压力。

看来我们没办法摆脱存在于这两种价值观中的张力。加德纳(Gardner,1961)在 40 多年前就用他的疑问为我们界定了这一问题:“我们能同时达到公平和卓越吗?”这个问题在当前也至关重要。公平和卓越两种价值观错综复杂地交织在一起,当两者不能同时获得关注的时候,其中一种必将牺牲在另外一种的祭坛之上。

例如,如果标准很重要的话,那么我们认为所有人都必须使用同样的标准。然而,如果我们看中机会平等的话,那就要为不同的学生提供不同的资源,就必须干预学校,以便学生不会因为其他人的进步而受到阻碍。“没有公平的卓越是精英主义,没有卓越的公平产生中庸主义”(Zimmerman,1997,21)这两者都不是我们所期望的。全国学习障碍联合委员会(The National Joint Committee

---

① 2002 年 1 月 8 日,时任美国总统布什签署了《不让一个孩子掉队》法案。事实上,该法案是 1965 年颁布的初级和中级教育法案(*Elementary and Secondary Education Act*, ESEA)的现代版。该法案要求在 2005—2006 学年终,3—8 年级的全部学生每年都必须参加阅读和数学的标准化成就测试。另外,在高中还要再参加一次,之后,再增加其他课程。根据这些考试成绩,学校可以判断学生是否为取得合格的学年成绩(Adequate Yearly Progress, AYP)做出了努力,这些成绩标志着学生是否熟练掌握了考试科目的内容。——译者注

on Learning Disabilities，NJCLD[①]）甚至宣称说，“学校改革运动会对那些学习困难的学生产生不利的影响”，“这些学生会被忽视，他们的需要得不到满足，这不是进行改革运动规划的动机（NJCLD，1991，280）”。

卓越和公平的张力也可以在新加坡找到例证。新加坡最近在教育体系内实行了自由市场政策，企图强化学校的自治权和校际竞争。尽管这些措施旨在培育教育的卓越，但没想到后果却是冲击了公平的需要。成绩单上排名靠前的学生被认为是一种财富，为了吸引这样的学生，学校的压力越来越大。那些不能提高成绩的学生却被看作负担，在学校里不受欢迎。

在英国，20世纪80年代的保守改革基于这样一种理念：只有通过市场的运行，学校才能够得到改善，买方（家长）才会选择把他们的孩子送到供应方（学校）那里，有了学生，经费才会随之而来。原则上，因为更多的父母想把他们的孩子送到更好的学校，所以那些好学校会获得回报，就会不断扩张学校规模。当英国实行这种卓越政策的时候，未能预料到的后果却是，牺牲了更为广泛的和有效的产出，学校只关注可以测量的教育产出。另外，与那些富裕社区里的学校相比，社会地位较低的社区学校在成绩测试时获得高分的机会也不均等。尽管无法确定学校群体社会经济特征与校级考试水平之间的联系，但是研究表明一个简单的事实：学校所服务的社区社会地位越是低下，那么学校的成绩越有可能差（Gibson

---

① LD（Learning Disabilities）：学习障碍症，是指听、说、读、写、推理或数学等方面的获取和运用上表现出显著困难的一群不同性质的学习异常者的通称。这些异常现象是个人内在的，一般认为是由于中枢神经系统功能失常所致。个体内在自控行为、社会认知与交往中的问题可能与学习无能同时存在，但这些问题不在学习障碍症范畴之中，同时学习障碍症也可能与其他残障（如精神发育迟滞、情绪紊乱等）或外界不利条件（如文化差异、教育缺失或不良）相伴发生于同一个体，但学习障碍症并非后者的直接后果。——译者注

and Asthana,1998)。

在美国也可以找到具有同样张力的例证。在马萨诸塞州，林菲尔德镇宣布是结束都市教育机会委员会(Metropolitan Council for Educational Opportunity,METCO)的项目的时候了，20 年来，这个项目已经让很多少数民族的孩子进入了几乎都是白人居住的中产阶级社区的学校。学校管理委员会告诉媒体这一项目并没有帮助林菲尔德镇的学校提高他们的质量——换句话说，在最近试题难度较大的州立测试中，他们的分数在下降。戴宝拉·梅尔(Deborah Meier)把这些情况记录在案，用她的话说："有时候公平和卓越就是不能很好地结合在一起，这很遗憾。"(2004,4)

我访谈过的校长们经历了这样的冲突：一方面要削减项目，另一方面又要为特别教育提供额外的资源。通常情况下，那些处在危机之中的没被识别的学生受到的伤害最深：

> 关于公平这一点，我正在思考，可以说我们对那些面临危机的孩子没有提供真正公平的服务，因为我们的班级规模如此之大，主要的班级学生人数达到了 35 人，即使我认为学生们能够完成很多任务，但是从他们的行为可以看出他们并没有理解。如果当初我们能够真正公平对待那些渴望关注的学生和那些需要额外帮助的学生，那么我们就会制订一个可以选择的方案，但事实上没有，这是一项艰巨的任务。我认为在那种情况下我们并没有真正公平地对待每个学生。
>
> ——中型农村高中的校长

> 只要你追求卓越，就不会有任何摩擦，但是一旦他们发现自己的工作、活动、学生受到了威胁，一旦那些担忧变成了可怕的现实，一旦效率变成了目标，就会产生许多

摩擦。每个人都在关注他们最想得到的东西。你为什么要废止这个方案呢？他们不会在乎其他人——为什么会这样？这的确变得颇有争议。

——大型市区高中的校长

我不知道这种方案能否解决问题，但是我已看到了资源配置的巨大转变。教育经费的投入明显倾向于《残疾人教育法》(*The Individuals with Disabilities Education Act*，IDEA)所涉及的学校，而其他学校却得不到重视。在学区范围，我们见证了过去5年里注册教员的财政预算比例从75%下降到62%，各类助理的预算比例则从25%上升到35%，而这些助理大都来自特殊教育学校。针对特殊教育学校学生的公平条款被强制执行了，其他中小学有时却被忽略，这使我们陷入巨大的困境，对此我毫无办法。

——大型郊区高中的校长

作为学校，我们在努力挤压更多的资源给需求更多的孩子，这已经取得相当大的成功。但是我也知道，这最终牺牲了其他孩子的利益。例如，在我们6年级的课程模块中，有两节文学课和一节社会研究课；但对那些阅读技能较低的学生只设置了两节阅读课，如果把他们中的20多人组成一个班，那么有些老师就会大发雷霆，因为对于他们来说，这20多个学生的班级和就像其他35人班级一样。所以，作为小班化的自然结果，其他班级的学生人数就可能变得异常大。

——大型郊区中学的校长

效率与公平之间的张力

为了阐释效率和公平两种价值之间的相互影响，可以考虑在教育领域引进一些自由市场提高效率的元素。在一个追求效率的教育市场里，在一个市场驱动的经济体制里，学校必须满足消费者的需求，否则就要停业。产品和质量必须随着时代的变化而变化，否则就会遭到时代的淘汰(Clegg，2000)。这种体制的支持者主张，如果政府少监管，允许教育自由运行，那么它的效益会越来越好——成本会保持在低水平上，而生产率则会提高(Okun，1975)。择校的拥护者们认为选择学校能带来经济和效率。根据《不让一个孩子掉队》法案，两年警告期过后，当学校不能取得足够的年度进步，第一项处罚就包括家长获得择校的特权。有了这项许可，家长们可以把他们的孩子送到本学区年度表现合格的其他学校，费用由学区承担。

在目前的公共体制下，消费者(家长和纳税人)不会直接购买孩子的教育，他们没有决定办学体制性质的自主权。当地委员会根据地方、州政府和联邦政府的政策框架处理教育事务(Carlson，1996)。然而，在公共教育领域引进经济理论和市场战略是颇有争议的，最主要的原因是要在卓越和公平之间进行取舍和权衡(Boyd and Kerchner，1988)。

教育市场化带来的一个副作用是与公平之间的权衡。一些人将会比其他人得到更多成功，因为他们有更好的机会，结果就会导致不公平。这种境况不难想象，比如那些残疾人的教育需求就会得不到满足，因为没有法律保护他们的权利。主张效率的支持者们认为这样的不平等必定会提升经济体制的运行效率(Fredman，1962)。那些认为教育应该面向市场的人也是采用择校政策的领导人，他们推行免试入学制、特许学校[1]和教育券[2]计划(Cookson,1994)。在 20 世纪 60—80 年代学生生均花费增长来源于对那些贫困、残疾和其他特殊学生服务资金的增长(Lankford and Wyckoff,1995)——这就是公平和效率两者之间的一次权衡。

效率起着怎样的影响？另外一个例子是 1995 年《低收入家庭儿童的教育财政援助法案》(Title Ⅰ)的修订。这一修订案为学校使用 Title Ⅰ 基金资助校本项目铺平了道路(Brown-Hedrick,2002—2003)。1995 年以后，全国许多地区转向求助这一资金来支持更为广泛的改革，却不关注有更多需求的学生。1995 年之前，所有的资金使用都面向那些经过确认达到合格标准的学生。1995 年立法给各个地区自由使用资金的权利，几乎没有什么限制。2002 年修订法案(《不让一个孩子掉队》法案)对那些年度考核不达标的学校提高了处罚级别，增加了这些学校的责任风险(Dickson,2002)。

其他研究者(Wells and Crain,1992)对把市场选择理论作为提高效率的手段进行了批判，因为这种方法的前提假设是：家庭得到学费券时，他们会以目标为导向，理性地行动，找到最好的学校。关于择校的研究表明：家长和孩子决定择校时，交通便利是其考虑的主要因素，那些贫困家庭和少数民族家庭更加注重周边学校

---

① 特许学校是经由州政府立法通过，特别允许教师、家长、教育专业团体或其他非营利机构等私人经营公家负担经费的学校，不受例行性教育行政规定约束。这类学校虽然由政府负担教育经费，但却交给私人经营，除了必须达到双方预定的教育成效之外，不受一般教育行政法规的限制，为例外特别许可的学校，所以称之为特许学校。——译者注

② 教育券是政府把原来直接投入公立学校的教育经费按照生均单位成本折算以后，以面额固定的有价证券(即教育券)的形式直接发放给家庭或学生，学生凭教育券自由选择政府所认可的学校(公立学校或私立学校)就读，不再受学区的限制，教育券可以冲抵全部或部分学费，学校凭收到的教育券到政府部门兑换教育经费，用于支付办学经费。——译者注

的舒适度和熟悉程度，即使他们认为偏远的郊区学校可能会更好。

我访谈过的校长们经常经历着公平和效率的张力。当说到预算、选择性教育[1]、规划设计和执行特别教育政策时，这一张力就浮现出来。许多人感到，州立和联邦的公平政策提供了额外的资源，而这些资源本可以更有效地用在学校项目的其他方面：

> 我刚好在做整体财政预算，我们打算缩减规划项目、裁减教师、减少体育运动，甚至可能要减少一名行政管理人员，我也在想方设法争取英语非母语课程(English as a Second Language，ESL)，因为我们有38.5个ESL学生，可以折算成14.2万美元资金。因此，我们一定要把这部分钱花在ESL上。我们有一位需要开支6.9万美元的老师，还有一位助教，因此我正在想办法——筹集备用经费，以便这位老师能考虑进行其他的教学项目。对我而言，在其他人精疲力竭之际，我不得不试图寻找花钱的方式感觉有点特别。
>
> ——中型农村中学的校长

> 我认为权利已经向特殊教育的家长们倾斜太多。现在大部分家长不会滥用这份权利，但是当有人滥用权利的时候，去年就有过一次，那么就会耗费每一个人的时间。我想应该修订现行的立法。
>
> ——大型郊区高中的校长

> 我们的经费在下降，一部分质量也就会丢失。因为我确信，如果你打算对所有的孩子公平的话，你需要更多

---

[1] 选择性教育通常用来描述非传统的、新式的或非标准的教学或学习，或者是指非正规课程的教学。——译者注

的项目。

——中型农村高中的校长

预算削减了。选择性教育(面向不同个体需求的教育项目)正向常规的课堂转变。编制的缩减造成课外活动的机会减少,其结果导致无法满足学生的各种需求。

——大型市区高中的校长

所有这些情况在什么情况下能够继续进行下去呢?如果他们真地裁减了我们的教学助理预算,那么在我们的教室里,帮助那些需求较多的孩子的助理就会越来越少。

——大型郊区中学的校长

一些处于劣势的孩子,就不会像今天一样,他们会错过很多机会。那是令人沮丧的。随着资源日益减少,我们还能怎样保持公平呢?我至今还没有找到办法。

——小型农村中学的校长

是的——我们学区努力通过从经济状况较好的学校抽调一些全职员工来帮助那些经济状况较差的学校。结果,我们少了1.5个全职教师[①],并且由于这项公平政策,我们没有办法去做维持质量所需要的事情。

——大型市区高中的校长

我们需要资金支持吗?是的,特别是在双语教育学区。在这里就有很多双语学生,如果我们不得不削减师

① “1.5个全职教师”是指有一部分老师是全职教学,有一部分老师不是全职教学。——译者注

资队伍的话，最新雇用的老师是第一批要被解雇的，而不是根据课程设置的需要留下他们。上面没有考虑到这一点。他们看的是任期，因此，情况变得越来越困难。

——大型市区中学的校长

我想说这一块儿很棘手。我有一个自主班级，有八九个孩子，对于孩子们来说，这是绝对理想的，他们做每一件事情都有自己的空间，但是明年我并不打算继续实施这个项目，没有办法保持这样规模的班级。这是他们需要和喜爱的一种课程模式，但是从资金效率来考虑，难以继续。

——中型农村高中的校长

在不断减少资源的情况下，他们却做着越来越多的工作，问题就变成了怎么样保持员工的士气。每一次裁员，教学工作量都会持续增加，选择性教育师生比率也会上升——满足每个学生的需求则越来越难。

——大型市区中学的校长

看看特殊教育部门，那些规章制度确实会导致很大的压力。必须要做到一丝不苟。我想书面文件实在太多了，这些书面文件现在更多的是为了免遭诉讼，而不是为了学生的利益……就是这么回事。

——中型农村高中的校长

公平化伤害了我们的学区。当地的资助者曾经一贯重视并支持教育，所以我们很幸运地取得了很多成就。但是，公平化把钱从我们学区抽取到统筹资金中去了。

——大型郊区高中的校长

> 更为重要的是，你们拥有优先权获得公平。我们打算进行一次小小的洗牌。教师进入我们学校，他们不知道我们的现行体制，他们不了解学生，不了解整个系统，也不知道真实情况，所以会造成效率的缺失。因此在资金筹措和优先特权上要求公平将会造成卓越和效率的丧失。
>
> ——小型农村初中的校长

效率与卓越之间的张力

效率与卓越之间同样存在冲突。效率是教育的驱动力，影响着课程、教学、教学进度和教育评估的形成，满足大多数学生的需要。只要效率鼓励某个科目在每个年级只设置一门课程，每个班级只制订一个课时计划，用一种方法讲授，用一种方式来界定成功，那么我们就无法达到卓越的顶峰(Tomlinson，1994)。为了满足效率的需要，那些不同寻常(在平均水平之上或者之下的)的孩子的学习需求就会一直作出牺牲。

不管怎样为卓越教育系统下定义，追求效率必定会降低教学质量。因为教育是昂贵的。追求和达到高标准的卓越需要最新的资源、受过良好教育并且不断学习的教师和规模相对较小的班级(Fowler，2000)。所有这些都需要花钱，但当钱花了之后，效率却下降了。

全国学习障碍联合委员会(Nation Joint Council of Learning Disabilities，1991)明白学校改革(追求卓越)和学校财政息息相关。该委员会主张国家改革运动必须与教育资金的谨慎评估相结合，必须考虑用这些资金为残疾学生提供公平的教育。

我访谈过的校长们经历了一个不断挣扎的过程，一方面要追求卓越，另一方面又要有足够的资源预算满足所有学生需要，投入精力开发项目来发展他们的潜能，从而使学校有效运转：

去年我们很满意，前年很好（州报告卡的打分），但是数学拖了我们后腿。我们在其他方面都做得很好，但是数学分数不理想。这与卓越相关。我们的老师对数学教学方案经过一个全面评估，选出哪些教材能最好地满足学生的需要，现在是购买这些教材的时候了，我们却没有资金，所以当你们谈论着卓越和效率的时候，他们将把大量的时间砸在买书这件事情上。

——大型郊区中学的校长

今年是操心的一年，因为我不知道是否要削减预算，或者是否会听到预算经理有关明年裁员的报告。你不得不在会议上进行一次又一次的讨论，你会想到那些不安的家长，还有孩子们——高中孩子们也会难过。需要投入大量的精力和时间，却不能提前一个月做好预算计划，很是让人心神不宁。这的确很烦心，为每个人谋求利益占据了很多的时间和精力。

——大型郊区高中的校长

例如，去年我们设置了科学课程，我们只有购买生命科学书籍的钱，没办法购买物理和化学课本。今年面临这一问题的是数学，我去数学组说你们可以进行选择，要么得到3.9万美元的课本费，要么削减一半的在职老师，他们选择了后者。我们现在的处境是没有可用的数学课本。我们的处境决定了我们不得不作出那样的选择。

——中型农村高中的校长

除了阅读课程，我不认为我们已最大限度地发挥了志愿者的潜力。我知道志愿者有难以置信的巨大能量，但是招聘和管理那些志愿者本身就是一件工作。

——大型郊区高中的校长

我们发现，他们取消了学校改进基金，因此自去年秋季以来，我们不得不取消这一规划，但是我们并不在乎。我们完完全全相信这一规划，我们从语言艺术课程当中抽出两节课，作为阅读课，结果为了实施这一规划，我们语言艺术课程班级人数大量增加。

——大型郊区高中的校长

我们有一个智能白板和网络。但是如果有人发现了一项新的技术，我们甚至不能得到一个样板。我们不能升级这个软件。他们说只要有一块白板就可以授课，但是当今的世界不应如此。我们想要的是21世纪的教学模式，但我们拥有的是20世纪的学校。我们做不到。

——小型农村高中的校长

由于努力争取效率，我们不会追求最佳的实践办法，校车接送孩子就是一个例子。研究表明，高年级的学生如果晚些时候起床，那么他们在学校的表现会更好。他们需要更多的睡眠。如果学校推迟上课，缺席和迟到的现象就会减少，但是校车运行的时间表决定了孩子们出发的时间。小学固定在某个时间开始上课，校车去接小学生的时候，高中学生则开始上课了——这不是他们学习的最佳时间。

——大型市区高中的校长

"三角张力"如何起作用

追求卓越在一些方面与公平和效率的问题相互关联。当今全国范围内的教育改革运动要求所有的学生达到更高的标准。大多数州把这种意图写进相关标准文献中。尽管在许多地方，这只是一个口号，但是一些州已经采取措施要求学校和学区对所有学生达到这些新目标的表现负责（Firestone，1997）。虽然一些州和学区很不情愿，但新的联邦法律具有强制性。2002年颁布的《不让一个孩子掉队》法案影响范围最为广泛，它要求各州达到年度进步目标，不仅包括整个学校层面上的目标，而且包括少数民族学生、贫困学生和特殊教育学生在内的学生群体的目标。没有达到年度进步标准的学校将面临各种处罚，包括失去对学校的控制权等。校长们感到灰心丧气，因为他们认为新要求和州政府强制执行的问责要求缺乏清晰的界定。

> 因此产生了《不让一个孩子掉队》法案，可以对人们说："从现在开始，你们从上一年到现在的年度进步要接受考核（但是当参加所有测试时，你们不知道自己处于什么位置），他们打算在三月公布你们年度进步考核的结果（这些结果你不会明白，因为没人能明白），而这也不同于你们的学校成绩报告卡。"这对于大部分人来说只是一个大的笑话。
>
> ——大型郊区中学的校长

> 现在我要告诉大家的是，我们不再使用这种方式了。我们要使用我们自己的成绩报告卡，向我们的社区报告，赢得他们的信任……这就是我和大家分享的。上星期一

> 晚上我向校董事和学区的领导作报告时，告知他们这些人需要认识到那是一个虚假的制度（国家成绩报告卡），他们表示完全支持。
>
> ——大型郊区中学的校长

即使教育由州立法，但是如果某个州拒绝遵守《不让一个孩子掉队》法案的指导原则，联邦政府也可以通过第一项条款撤回资金。在当今资金不足的情况下，学校丝毫不敢对《不让一个孩子掉队》法案说不，即使有改革者主张各州否定这一财政方案，向联邦政府传达这样的信息：实施这一法律的花费大大超过收益(Bracey,2003)。然而，没有任何一个州拒绝资金。追求效率的压力迫使我们服从与合作，即使许多教育工作者藐视《不让一个孩子掉队》法案：联邦政府不断增强的问责强行要求每个年级接受高风险的考试，所有学生必须达到高标准，否则学校和学校的员工都将受到惩罚。

在效率方面，州法院已开始通过大量案例把学校的财政公平和办学质量的高标准联系起来。例如，1995 年有 3 个州立法院明确规定：一个合乎宪法的、公平的公立学校体制是一个能满足学生获得特殊技能机会的体制，这些技能对于提高国家和国际竞争力来说都是必需的(Morgan, Cohen and Hulshof,1995)。

人们也担心，处于劣势的学生不能从有助于他们达到高标准的各级各类教育规划中受益。这些学生每天上学，却拥有很少的社会资本——来自校外的使他们获得成功的社会支持和社会结构。公平倡导者制定了学习机会标准来解决这个问题(Smith, Fuhrman and O'Day,1994)。为了确保所有学生有机会达到高标准，这些标准规定了学校、学区和各个州必须达到的一系列条件。不幸的是，这样的机会标准实行起来非常昂贵，因为需要大量的资金投入到较为贫困的学区。

实现卓越在其他方面的代价也很昂贵。需要经费来实施为那些极具才华和天赋的学生设计的发展项目——这些经费本可以使教育面向所有人。另外，当以公平的名义投入经费帮助那些面临危机和学习困难的学生时，就没有经费投到提高普通孩子和天赋孩子的能力项目上。因此，很多人认为公平的价值观使整个体制远离卓越，迈向平庸。

结论

当今校长面临的挑战是如何平衡卓越、公平和效率之间相互竞争的价值，如何找到有效方法解决三者之间不可避免的冲突。处理这种冲突关系的第一步是要理解卓越、公平和效率在美国教育进程中的演变历史。要了解校长们在日常工作中是如何竭尽全力应对这些价值冲突，这对提高他们的抗压能力也是有所帮助的。接下来的三章将梳理卓越、公平和效率的演变历史，也包括就这些价值冲突问题对校长们进行访谈的内容。聆听校长们的故事和奋斗史有助于我们懂得和发现在“三角张力”中生存的新方法，这种张力与学校的变革和改进密切相关，学校的变革和改进则源于卓越、公平和效率三者作用的驱动。

讨论要点

1. 请描述卓越、公平和效率这些价值在你们学校和学区是如何引起变革的。

2. 你是否同意这种观点：为了满足卓越、公平和效率的需要而产生的张力会导致学校的改进？为什么？

3. 请描述“三角张力”在你们学校或学区是如何表现的。你能给出具体的例子吗？

4. 在你的经历中，处理“三角张力”有哪些可行方案？

5. 决策优先权在哪些方面有助于解决你们学校的“三角张力”？

第二章　卓越的追求

卓越是一种习惯。亚里士多德(Aristotle)让我明白了这一道理。他论及道德卓越时指出,个体的日常言行反映个体的成长变化,并决定个体将成为一个什么样的人,即便是一些微小的习惯,也会有这样的作用,也都终将成为个体的一部分。积沙成丘,水滴石穿,这就是卓越。我的偶像之一文斯·隆巴尔迪(Vince Lombardi)曾说,一个人的生活品质与追求卓越有直接的关系。卓越是一种人格典范,是我们个性的一部分,是我们自身的写照,是我们的全部。我们都在追求卓越。我渴望变得更好,我每天做的每一件事情都使我进步,这就是我对卓越的定义。

——小型农村高中的校长

历史上的卓越

什么是卓越?我们如何来衡量它?教育家、改革家以及研究者不断地界定并修正我们所谓的卓越,所有这些定义都成为了今天我们所说的卓越概念的一部分。加德纳(Gardner,1961)把卓越定义为社会所有领域为质量所做的努力。格罗斯(Gross,1989)把卓越视为一种成就的需要、成功的动力和高水平的学习动机。西尔弗曼(Silverman,1993)则认为卓越不能被定义为成功,因为我们的文化并不认可许多被剥夺公民权的团体的贡献。鲁普(Roeper,1996)把卓越看作有天赋的学生应该达到的一种标准——作为有伦理和讲道德的人,学会如何去发展。巴什卡(Van Tassel-Baska,1997)把卓越定义为既是朝着理想的标准进行奋斗的过程,又是社会认可的好成绩。然而,当今的教育制度大部分来源于托马斯·杰斐逊的教育卓越观。

托马斯·杰斐逊提出,办一所大学,应该要培养出在艺术、文学和自然科学方面能够做出成就的学生,以引领社会的发展——正如哈佛大学、耶鲁大学的昨天和今天。他相信来自任何阶级的优秀学生都有能力担当领导角色,与此同时,他同样坚信在学生中也存在特权阶层(Zimmerman,1997)。

在我的研究中,参与访谈的大部分校长都用成功来定义卓越。每一个被访谈者都认为,卓越不只是通过测试得分或出勤率来加以量化的一些因素。用校长们的话来说,卓越还包括那些不易量化的方面,比如学生与学校的联系、学习承诺、社区参与以及学校获得设施的能力:

> 卓越既是定量的,又是定性的。我会把它定义为成为最好或达到既定目标,或拥有优秀员工的一种价值判断。单个学生的卓越将取决于他们的现状和他们的目标:成为一个更好的学生、更好的人和更好的社会成员——对他们自己和他人有贡献的人,还取决于实现培养目标的各种努力。我们致力于每一个孩子的个性化发展——知道学生的现状并明白学生达到目标需要什么。
>
> ——小规模农村 8 年制学校的校长

> 对我来说,卓越是指超越你必须达到的最低要求,证明你是优秀的,的确达到了你力所能及的最好水平。对

这所中学来说，卓越就是走出去，并寻求真正能让学生、老师和员工生活更加美好的方法，能够让他们在校外和别人交流时说“我们喜欢这里”。

——大型郊区高中的校长

成功，我认为它不是一套固定不变的标准，要因人而异。人生各不相同，起点也各有差异。成功是一个获得发展的过程。

——中等规模乡村中学的校长

对于当今教育，卓越作为一种价值观来源于质量的需求。福勒(Fowler, 2000)和其他一些人(Heimann and Sikula, 2001—2002; Brown-Hedrick, 2002—2003)把追求卓越的现代教育改革运动追溯到1983年出版的《国家处在危机之中》(*A Nation at Risk*, National Commission on Excellence in Education, 1983)。这份教育报告提出了一系列被全国范围采纳的建议，报告的结论指出，美国教育过于松散，缺乏严格的制度，孩子们没有足够的时间进行充分学习。这个委员会也发现了师资不足和薪水过低的问题，同时提出了一些普遍性的建议，包括以下内容：提高英语、数学、科学和社会研究等课程的基本要求；采用更加严格、可以测量的标准；大幅度增加学习基础知识的时间；加强师资培训；鼓励公民参加到这个过程中，领导对结果负责(Edwards and Wallace, 1993)。

通常而言，人们觉得这些来自教育界的批评报告是里根政府出于政治目的而发起的一种质疑公立学校办学质量的攻击。这份报告的主要前提是成绩分数是衡量一个教育环境好坏的基本方法。这个理念的背后是对公众想法的挑衅：无论在什么情况下，公立学校质量都不好，私立学校质量好(White, 1993)。在本质上，该委员会声称公立学校已经失败了，这一消息导致商界和政界领袖呼吁教育亟须改革(Gardner,1984;Helbowitsh,1990)。这个报告采用了一种自上而下的方法,即专注于财政紧缩的标准和日益凸显的问责制,它导致了“州政府通过行政命令提升教育质量的虚拟浪潮”(Lunenburg,1992,4)。不久,各州陆续开发出以教育成果为评价基础的教育形式和测量标准(这种方法已经成为商业的主要部分)。

当今的校长们对于找寻可以证明学校质量提升的测量方法颇感压力,接受访谈的大多数校长致力于追踪数据以证明他们正在取得成功:

> 如果看了这些数据,与过去任何时间相比,你将会发现我们的辍学率在过去的两年里已经达到了最低。令我失望的是我们今年的辍学率上升了一点,但是两年来我们的辍学率连续低于5%,并且我们将继续使之下降。我们已经有更多数量的毕业生,当我第一次来这里的时候,我们每年大概有220个学生毕业,但是今年我们将有290人毕业。
>
> ——大型郊区高中的校长

> 我们同样也关注入学率和辍学率。我们的辍学率确实已经下降了,而且我们的入学率已经上升到了12%。在20世纪80年代,我们刚刚启动的时候入学率确实很低。测试分数没有达到我的预期。坦率地讲,我们数学方面有一些问题。在过去的五年里我们有6位老师。我们试图保持那种稳定。在写作方面我们一直领先,在阅读方面稍微高于平均水平。我们正在努力。
>
> ——小型农村高中的校长

> 我看了我们州的评估分数，尤其是数学。我也看了我们的辍学率和少数民族的辍学率，以及国家成绩报告卡，那些都是对过去三年的聚焦，并且我们已经对那些区域产生了重大的影响。最简短的回答是你必须集中精力，而我们过去常常分散精力，现在你必须专注于你和社区都认为对学校重要的事情上。
>
> ——中等规模农村高中的校长

大约在同一时间，《国家处在危机之中》问世。西奥多·赛泽(Theodore Sizer，1984)对公立高中进行了一项为期 3 年的研究，该研究揭露了 20 世纪 80 年代的高中与 19 世纪的高中结构类似：孤立的学科；学分制；学生在校时间；学生被动学习等。1893 年由哈佛大学校长领导的十人委员会(the Committee of Ten)为所有的中学生推荐了一项共同课程体系，促使高中讲授四年英语和三年历史、科学、数学及一门外语——今天的美国高中仍在虔诚地追求这样的共同课程(Carlson，1996)。赛泽的报告紧随《国家处在危机之中》，敲响了改革的警钟。

卓越的典范

美国卓越教育的要求是对国家危机的持久反应。1957 年苏联发射了人造卫星，美国全国上下的杂志刊登文章猛烈批评美国学校。斯隆·威尔逊(Sloan Wilson)在生活杂志中的一篇文章列举了学校的一系列问题：文凭降低到一文不值，教科书得不到重视，选修课的兴起降低了我们的学术严谨，学生不再学习基础知识。不久之后，联邦政府颁布了一部《国防教育法》(*National Defense Education Act*)，大力资助数学和科学教育的发展。

与专注于学生、学校和学区间差别的教育公平不同，与关注运行和成本的教育效率也不同，卓越运动追求的是增加教育的广泛性和严谨性，帮助学生能够进行更好的准备，以克服可以意识到的威胁(Firestone et al. ,1997)。

苏联人造卫星发射成功激起了重视数学和科学课程教育的浪潮，1983年的《国家处在危机之中》报告因而开创了教育标准。20世纪80年代，美国意识到潜在的威胁是没有为维持它在经济上的竞争优势而进行必要的预案(Firestone et al. ,1997)。这种恐惧来源于我们没有培养出优秀的学生来保持美国的领头羊地位。然而，随后的90年代并没有显示出我们的学校如此糟糕。美国的初等教育在世界上排第二，我们国家培养的人才几乎名列前茅，美国的先进教育系统为其他国家所羡慕(Meire,2000)。

这个消息一经媒体报道，卓越运动找到了新的着眼点，随之出现很多抢夺生源的新型公立学校，包括家庭学校、私人学校、网络虚拟学校、特许学校、营利学校和教育券项目。目前，只有25%的家庭有学龄儿童，所以现在公立学校必须显示其出色的一面来吸引学生(Heimann and Sikula,2001—2002)。

校长们在极大的压力下来展示他们的卓越。显而易见，他们认为差别化的教学、重点课程和高期望值是取得成功的关键因素：

> 差别化教学是取得卓越的关键。教师们竭尽所能做得更好，但是他们一直在问：我们是在通向最佳实践还是从其旁经过？不是改革使我们到达卓越，而是好的实践。我们追求好的实践。
>
> ——大型农村高中的校长

> 谈到卓越，我们以“我们教的是什么”这样的提问开始行动。结果，很多好的项目消失了。我们一个老师在

大约19或20年里只教《蝇王》(*Lord of the Flies*)，那是他在整个学期所教的所有内容。但由于这门课程不符合他所教的年级水平的课程要求，因此现在被取消了，在我们教学中类似的情况经常发生。

——小型乡村高中的校长

卓越是我们的座右铭。我不接受关于不做作业以及低分数的任何借口。我要求学生要抓住机会重新做他们的作业，直到达到卓越的水平；我们促进学生进步，指导他们达到他们想要的水平。

——大型城市中学的校长

据校长们所说，卓越能够通过创新项目和重新安排全校学生的作息时间取得：

通过这些好的项目，我们取得的卓越已经得到州或国家的认可，这些项目包括环保项目和社区服务，我们有一个很好的花园，我们让孩子们感到他们与学校有密切的联系，并且那是一种使我们达到卓越的方法。对于硬件设备，我们试图做更多的努力。对我来说，拿上我的油漆工服，然后去刷墙，或者通过观察一个地方而发现一些新奇的东西，这并不怪诞，因为我认为这是人们所喜欢的事情，因此我发自内心地认为，我们的学校正在取得卓越，我们接受我们可以做的更多的事情。

——大型郊区中学的校长

我们有几个特别突出的部门。第一个就是我们的科学部，我认为，它可以与全州任何一所学校相媲美。科学部面向实践，并为社区服务。我们的生态课与农场产业以及分类公司相联系,我们为他们种植,其中包括生菜,我们种植了许多种不同的生菜,并且学生向公司提供了所有的数据,公司决定哪些是他们所想要销售的,这是一个极好的伙伴关系。科学部同样也与一个制造DNA的公司合作,然后将产品运往世界各地。医院向这个公司提出一个关于DNA的申请,然后由这个公司制造,随后发回医院。我们的学生参与到这些项目中,由于他们特殊的教学,这些项目变得更加出色。

——中等规模乡村高中的校长

两年前,我们的分数确实很低,但是我们进行了一些校本决策,并且这些决策确确实实使我们的分数得到了快速提高。其中的一个就是修改课程表,让我们的学生不是每两天上一次数学课,而是每天都有数学课,并且我们的数学成绩确实已经提高了。这是一个范例,即通过调整教学计划就可以达到卓越。

——大型城市中学的校长

结论

校长用成功或者成就来定义卓越。成功并不总是学术的或可以简单数量化的,但它应该能够被看到或感受到。学业成绩的提高主要取决于教学的改善,教育中的卓越运动不会消失,并且永远不会消失。随着时间的推移,它也许会改变其焦点和方向,但总会强调成就和提升,对于实践的校长来说这不是新闻。

讨论要点

1. 你所在的学校追求教育卓越的压力体现在哪些方面?

2. 你所在的学区,卓越价值观影响了哪些法律和政策?

3. 你所在的学校和学区是用什么方法实现卓越的?

4. 你将如何衡量一个卓越的氛围和环境?

5. 你将怎样衡量教学卓越?

6. 如果没有追求卓越这一额外压力,那么你所在的学校和学区将会是什么样子?

第三章　公平的前景

公平，并不意味着用同种方式对待所有孩子，而是指不管在任何情况下，能为所有孩子创造不同的机会，为他们提供通向成功的最大可能。每条道路看起来也许各不相同，因此我们的教育不能千篇一律。虽然有很多很多不同的路径，但作为学校领导，我可以肯定结果只有一个，那就是每个孩子都会有机会获得最终的、理想的学习成果。

——大型市区高中的校长

从历史上看，公平的价值一直是教育格局变革中的一个有力推动因素。通常情况下，对于什么是公平，家长、政策制定者和教育工作者各有不同的理解。回顾历史将有助于我们懂得如何把公平运用于当今的学校。

历史上的公平

在一项有关影响美国公共政策的价值观研究中，福勒声明："平等的机会一直以来都是美国教育政策中一项主要的价值观(2000,113)。"J. R. 卢卡斯(J. R. Lucas)补充道："公平是我们这个时代最大的政治议题。对公平的需求困扰了我们所有的政治思想。我们不确定那是什么……但是我们确信不管它是什么，我们都需要它。”蒙克(Monk,1997,104)把公平定义为“利益、服务和责任的公平分配”(1990,35),但是因为公平是如此难以衡量,他进而也承认公平分配可能也含有大量不公平的因素。

《独立宣言》宣召“人人生而平等,这一真理不言而喻”,自那以来,公平一直是美国政策制定的常提口号,但真理的运用一直有点模糊不清。兰普曼(Lampman,1997)认为公平就像情人眼里的西施。大部分美国人赞同教育对于所有孩子获得成功机会而言至关重要,但是他们通常情况下总想让他们自己孩子的成功机会更公平一点(Cohen and Neufeld,1981)。

美国教育公平理念的根源可以追溯到1820—1840年形成的安德鲁·杰克逊的教育观念。安德鲁·杰克逊把公共教育看作是一个大的均衡器,为建立富有凝聚力的社会提供了普遍的基础。由于这个原因,向所有人提供免费教育至关重要。他拒绝了所有贵族式的欧洲教育模式,信奉人人可以获得公平教育。根据安德鲁·杰克逊的观点,所有人都能承担且应该有机会担当领导角色(Zimmerman,1997)。贺拉斯·曼(Horace Mann)1839—1852年倡导的公学运动(the common school movement)①使教育发展进入大众化阶段。在公学运动兴起之前,美国的中等教育是青年精英的一种特权,通常是男性,由私立学校或学院提供教育服务(Carlson 1996)。

在19世纪,公平表现为给每一个小孩提供上小学的机会。进入20世纪,这一机会扩大到中等教育,其后40年里,我们看到了

---

① 虽然每个家庭都能让孩童自费进入私立学校就读,但私立学校就读学生所占的比例半世纪来一直稳定地维持在10%~12%的水准,大多数的学生从开始念书的第一年到第十二年,就读的仍然是公立学校,美国北部各州在19世纪40年代开始执行这个教育体制,南方则是在19世纪后期,这个历程就是所谓的公学运动。——译者注

公平的理想促使教育政策更加重视少数民族孩子、女童和残疾人获得教育的机会(Fowler,2000)。20世纪50年代、60年代及70年代的民权运动触及到了学校教育的各个方面。从要求学校废除种族隔离制度到精英中学的发展(自愿隔离—择校的开始),到80年代的多元文化运动,学校一直被迫通过改革来实施有关公平的立法(Spring,1994)。公平主要关注的是个体和不同群体的权利,专家预测进入21世纪它将继续成为变革的推动力量(Verstegen,1994)。

然而,即使我们立志提供公平的立法,在现实中,美国许多贫穷城市的学校仍然面临着极大的困境:资源不足、教学楼破旧、师生关系危机、社区衰退、机会缺乏,还有似乎进一步加大贫富差距的教育筹资体制(Kozol,1991;White,1993)。

美国最高法院1954年布朗诉教育委员会案(*Brown v. Board of Education*)[①]决议使得公平成为教育辩论的中心,并取得了很大的进展,1964年通过了《民权法案》(*Civil Right Act*),1965年通过了《中小学教育法案》(*Elementary and Secondary Education Act*),但是教育机会的实际不平等依然存在。尽管不允许学校对学生实行种族隔离,但贫富地区之间的不公平依然大量存在,学生无法接受平等的教育(Firestone et al. ,1997)。公立学校间不公平的严峻现实在《野蛮的不平等》(*Savage Inequalities*)(Kozol,1991)一书中得到最好的阐明,这本书记录了美国现存的令人惊叹的种族隔离和经济隔离(固有的不平等)。

---

① 1954年,美国最高法院在布朗诉托皮卡教育委员会案中判决,公共教育设施中的“隔离但平等”原则违反美国宪法。不久,蒙哥马利市爆发了抵制公共汽车种族隔离运动,拉开了民权运动的序幕。布朗案判决因此被视为民权运动史上的分水岭,标志着一个新时代的开始。——译者注

公平的压力

一些地区和州试图通过择校制度来实现公平。最早的尝试出现在1971年，明尼阿波里斯市通过了一项“东南部择校项目”(The Southeast Alternatives Project)。这一项目让家长和老师在四种不同学校当中作出选择：传统学校、改良开放学校、持续进步学校和基础教育免费学校。到1976年，这一取消种族歧视的做法已很普遍，明尼阿波里斯市教育局将之作为全市教育系统内消除种族歧视的解决办法(Clinchy,1992)。

美国的公共教育系统采用了明尼阿波里斯市择校的做法，主要是作为实现和平消除种族歧视的一种手段。学校消除种族歧视的政策反映了布朗诉教育委员会案的结果和公平的价值观。然而，近几年来，许多教育工作者和家长又把择校看作是实现重大变革和提高公立学校教育质量的最强有力的手段之一(Clinchy,1992)。

公平机会运动在20世纪60年代晚期扩展至残疾人，当时，《面向所有残疾儿童教育法案》(*Education of All Handicapped Children Act*)签署生效。此法案提出民众对所有儿童提供免费适当的教育负有法律责任(Sagor,1999)。然而，对于民众来说，要改变20世纪六七十年代似乎已经成功的学校(大部分人心里这么认为)并不是头等大事。结果相应的，为那些想要或者需要接受额外教育的人而创设的独立选择机会越来越多。许多这种新的“非传统教育学校”变成了独立的但不公平的系统，吸引着那些被剥夺了公民权的学生，这些学生往往已身处失败轨道之上(Sagor,1999)。

回顾特殊教育过去40多年的历史，有助于我们深入地理解教育体制的公平发展。当联邦法律要求为残疾学生提供特殊教育时，大部分学校制定了资金充足的规划，满足法律的技术需求，但是通常情况下，那些规划只是存放在各自的房间里甚至各自的楼宇中。许多“特教”学生很少有机会接触到“普教”的学生和老师(Sagor，1999)。

在过去的30年，家长们排斥公立学校的趋势悄然滋长。近年来，这种现象已经受到了很多教育工作者的关注。私立学校、家庭学校、虚拟学校和特许学校的增加已经显示了一幅清晰的图景。如果美国人觉察到他们身处不公或劣质的教育困境，他们会尽其所能改变这种局面——如果必要的话，他们会退出这一教育系统。根据施塔尔和瑞安(Stall and Ryan，2000)的研究，美国接受家庭教育的儿童数量在迅速增加，这一增加反映了目前对大众教育不满的趋势。1985年，估计有5万名家庭学校学习者。10年以后，这一数字为50万～75万。特许学校和私立学校在过去10年中也显示了类似的增长(Stall，Ryan，2000)。

尽管越来越多的个人自20世纪70年代以来就一直在寻找主流教育系统外的公平措施，改革者们也通过效率或者资金支持的方式努力地把公平引入这个系统。为了全国各州、各区、各校之间能公平竞争，公平倡导者们主张根据美国宪法的平等保护条例来获得平等的资金支持。

然而，由于美国宪法中没有提及教育，1973年最高法院以5∶4的票决结果通过了“圣安东尼奥 v. 罗德里奎兹案”(*San Antonio v. Rodriquez*)，该法案认为必须给所有学生提供平等机会并不属于基本权利。争论随即在各州展开。各种诉求铺天盖地涌向州法院，声称该法案违背了州宪法的教育和平等保护条款。结果，州立法机关改革了学校财政制度。仅仅在1970—1980年，为了实现公平拨款，28 个州颁布了新的或者是修订了原有的教育资助项目，其中有 12 项改革是对诉讼案件的直接回应(Firestone et al. ,1997)。

诉讼一直是推进学校财政公平最为有效的方法，因为他们诉求的是大部分美国人根深蒂固的公平价值观。结果，国家教育开支比例从 1970 年的 40%上升到 1986 年的近 50%，然后开始稳定下来(1995 年统计数据)。这一增长是那个时期公平立法增多的直接结果。

伯恩和施蒂费尔(Berne and Stiefel，1984)论述了 3 种公平：横向公平、纵向公平和机会公平。横向公平是指公平地对待同等事物。这项原则要求同样的学生应该受到公平的对待。对于财政公平而言，各州在着手资金预算时，对所有学生通常会一视同仁。横向公平的问题在于它容易被驳倒。因为每个人的情况各不相同，所以横向公平并不公平。根据学生是否是英语学习者、是否怀孕，或者是否在其他方面有所困难，一些州对教育资金配置进行了适当调整。

纵向公平是指对不同事物的差别对待。这一原则认识到个体差异这一事实，主张不同的学生应该受到恰当的差别待遇。纵向公平理论的瑕疵在于确认学生间的合法差异并对其作出解释。通常情况下，这些差异的认定受人们价值观的影响。例如，人们普遍认同学习障碍者就应该受到特别待遇。然而，诸如性别、宗教、贫困、民族和种族这些差异是否可以成为差别待遇或者纵向公平的因素存在很大的争论。

机会公平是指公平的机会，这种公平应根据个人的收入、财富、地区及种族进行评定。公平机会的问题在于考察个体的收入和他所接受优质教育机会之间的相互关系。在一个缺乏公平机会的系统里，财富或种族对能否接受优质教育会产生积极或消极的影响，这些差别则是公平与否的反映。在一个高水准的公平机会系统里，每个人都有同样的机会获得成功，而不论种族、宗教或是财富。

根据约翰斯、莫费特和亚历山大(Johns，Morphet and Alexander，1983)的观点，所有人的机会公平并不意味着每个学生拥有同样的教育，也不意味着所有学生获得等量教育经费。确切地说，它意味着每个人应该拥有接受相同质量教育的机会，这种教育将能最好地满足他们作为个体或社会成员的需要。

伯恩的阐释可以回溯到亚里士多德的公平思想。根据亚里士多德的理论，公平是对相似的个人实行同样的待遇，但是他也明白，尽管两人在某些方面相似，在其他很多方面也会不同。因此，亚里士多德的公正理念是指对不同的人实行差别对待(Patterson 1978)。根据个体需要进行差别对待很大程度上类似于机会公平的概念。

尽管公平对不同的人来说有不同的意义，但是通过访谈校长，我们可以归纳出校长们对公平的共同理解。一般而言，校长们不会把公平看作是平等的待遇。他们把公平看作是平等的机会，努力使学校成为所有学生有机会充分发挥潜力的地方：

> 公平是每一位学生有各种机会学习并获得最好成绩。这并不意味着平等。我认为公平更多的是建立在学生的需要之上，而不是“每个人都可以得到的东西”。我不相信每个人都会得到同样的待遇——我不认为那就是公平，这一点总是不被理解。
>
> ——中型农村高中的校长

> 公平不是对所有人都一样。它所践行的是帮助所有人达到最好——但不是一模一样。它根据学生的需要和

可利用的资源来提供机会。资源可以保持质量，质量等于公平。

——大型市区高中的校长

校长们强烈支持机会公平，在他们对公平的描述中经常会提到这一点：

公平是给所有人提供同样的机会，不管他们的民族、种族、能力障碍和社会经济地位，不仅如此——对于某些学生，你不得不提供更多，因为他们没有带着和其他人同样的优点、教育经历和社会经济优势来到学校。机会平等给每个学生提供他们所需要的一切，从而培养他们达到同辈的水平——像早餐项目，每个人都有机会获得早餐。

——大型市区中学的校长

公平是每个学生有平等机会在学校参加活动、发展兴趣或者参与其他项目，学生们知道学校将依据他们各自的能力而不是其他因素进行因材施教，他们也将各尽其能。

——大型郊区高中的校长

通过满足需要获得公平机会

机会公平理念是20世纪60年代特殊教育政策的主要推动因素。机会的公平就是除去每一个障碍以达到个体的自我实现——不管是偏见、漠视还是可治愈的身体缺陷。这意味那些没有地位、财富的人和特权群体的成员一样可以获得充分的机会（Gardner,

1984)。莫特、罗伊瑟和波利(Mort, Reusser and Polley)把教育的公平机会定义为“美国教育的一项基本原则——建立在这样一个设想之上的原则:通过扩展所有儿童的上学机会,使他们足以获得有效的自我实现、经济收益、礼貌涵养和人际关系效益,我们的民主才能借此得到最好的实现”(1960,19)。

公平可以从需要方面进行定义。马萨诸塞州桑威奇市里弗维尤学校的执行理事理查德·拉沃伊(Richard Lavoie)指出,公平并不意味着每个人得到同样的待遇,而是每个人应该得到他需要的东西(Sullo,1997)。标准运动自身的目标——为了成功地教育所有的儿童达到同样高的水准,不管是穷人还是富人——是极具革命性的。公平在于满足每一个孩子的需求,从而达到或超过那些设定的标准(Chase,2000)。标准是通向公平之路,它们对于减少教育的不公是至关重要的,这些教育的不公影响着许多美国家庭长达几十年(Murnane,2000)。

校长们认同满足需要是获得公平的有利因素,不管这种需要是建立在社会经济之上、学术之上还是关系之上:

> 满足需要是公平的一个巨大的组成部分——不同的人有一系列不同种类的需要和不同程度的需要,正因如此你不得不给予某一个人更多,意识到这一点并不意味着你对其他人不公平。这只是说明你意识到了一些人未能像其他人一样,具备同样的语言技能、社会经济地位走进学校。如果你帮助他们达到这些标准,那么他们至少能够带着成功所需要的技能从这里整装待发。
>
> ——大型市区中学的校长

> 我认为公平是指在特定的时刻给某人所需要的时间。请让我作一解释,我告诉全体教员,有些时候我会花

更多的时间和你们中的一些人在一起。你可能会想，"嗨，他没有在我身上花时间"或者"他很冷酷"，我跟他们解释说陪你们的时间会到的。有些时候，我告诉全体教员我会在一张只需30秒就能看完的纪律处罚表上花20分钟时间，因为我想和那位违纪学生建立一种关系，以至将来我可以用它和那位学生取得联系。在这里，整件事就是种种联系。任何事情都是建立在关系的基础之上，他们相信这个道理。因此，回答你的问题，公平的基础是在特定的时间建立适当的关系。

——小型农村高中的校长

结论

每个人都想公平。没有人愿意因不公平而受到指控。由于这个原因，许多人通过辩护或者控诉别人的不公平来谋生。通过的法律和修订的政策不断地寻求为这个社会提供公平。当谈到学校管理时，校长们没有把公平——同等对待每个人——看作是应该优先考虑的事。优先考虑的事是满足学生的需要——这一点非常清楚。问题变成了怎么样帮助利益相关者理解这种优先权，找到准确判定需要的方法，想方设法调整逐渐减少的资源来满足这些需求。

讨论要点

1. 你如何定义公平？
2. 作为你们学校和学区政策和变革的推动因素，公平起着什么样的作用？

3. 你的客户(学生和家长)怎样定义公平？

4. 你们教育系统里的教师怎样定义公平？

5. 你会用什么方式来判定学生的需要、家长的需要和教师的需要？

第四章　效率的力量

这是我看过的最糟糕的预算了。当他们在经历财政预算危机时，我还在加利福尼亚州，那里还没有类似情况。后来我去得克萨斯州的时候，他们有了《罗宾汉法案》(*Robin-Hood Laws*)，财政情况也并非如此。你知道过去你总是拥有一些可以灵活运用的资金。如果你这里节约一点那里节约一点，你就可以节约出六七百美元，可以做一系列项目或大项目。但现在没有这些钱了。我穷困潦倒……我们正处在崩溃的边缘。当前的问题是我们工作人员太多，工作量也很多，并且无法立刻实现更高的效率。

——小型农村高中的校长

效率界定

效率是指支出或投资所带来的最大可能的回报，与从任何投资中得到的最大收益与期望相联系(Hanushek et al.，1994)。在资本社会，效率有着重要的价值，对政策制定和立法发挥着重大的作用。效率也已成为企业界变革中的主要驱动力(White，2001)。它也在教育领域产生着巨大的影响。如果花费相当少的资源使学生能够获得高的学习水平，那么教育系统是有效率的。资源不仅是花在教育孩子身上的美元数量，而且还包括那些美元所买的时间、材料、服务及教学环节(Stockard and Mayberry,1992)。在政府层面,政策制定者关注的是要投入多少教育成本,以及特定的改革和改进工作是否物有所值(Fowler,2000)。

研究员埃里克·哈努谢克(Eric Hanushek)负责由13个经济学家组成的工作小组已有四年时间(1989—1993),其任务是将经济思维带入美国学校改革之中。这个小组发现了教育体制中普遍存在的无效率的证据,并且认为,历史证明,在当前学校体制中,人们不会主动将资金用于效率提高的项目上。这个小组认为没有理由相信经费的增加会比过去更有效,并且提出了针对提高美国高校效率的三条关键的、必要的政策原则:投入在教育上的资源必须有效利用;学校必须引进激励政策;改革必须基于系统实验和可行性评价(Hanushek et al. ,1994)。

在过去的30年,三个学术潮流形成了目前关于效率的看法。这类研究专注于在教育上投入了多少经费,学生能力是否有所提高,资金是否得到合理的使用(Firestone et al. ,1997)。

教育成本在不同时间的变化

关于教育开销数额的研究显示,即使在调控通货膨胀和改变学校录取方式的情况下,教育成本自从20世纪开始就一直增长(Hanushek et al. ,1994)。从这十年来看,人均教育成本发生了显著变化。在20世纪60年代,教育开销增加了69%,70年代增加了35%,80年代也是增加了35%。20世纪90年代与21世纪初则显示教育开销相对持平。20世纪六七十年代的增长是公平立法实施的直接结果(Firestone et al. ,1997)。

增加开支以提高质量的效果

效率研究的第二个领域关注支出的增加是否对学生的学业表

现产生影响。这方面的研究时有争执。科尔曼等人(Coleman et al.,1996)最早系统地记录非学校环境,特别是家庭背景对学生学习的影响。一项大型研究试图证实投入促进学生成就的“生产函数”(Firestone et al.,1997)。有关这个问题的研究已经清晰地显示了个体背景对学生学习的强烈影响。然而,财力投入的程度是否能够克服家庭背景的影响,这引起了激烈的争论,分析家就如何解释同样的研究意见不一(Natriello, McDill and Pallas,1990)。还有很多研究表明较高的投入与学生成就之间没有关系或关系很小。然而,值得注意的是,当一个显著关系出现时,增加的投入会带来学生成就的提高(至少是间接性的影响)(Stockard and Mayverry,1992)。

约翰斯、莫费特和亚历山大(Johns, Morphet and Alexander,1983)认为当教育数量增加或质量提高时,财政投入必须同时增加。当财政投入受阻时,教育的数量或质量将可能下降。他们也同样认为,与教育质量与教育投入的关系相比而言,教育数量与教育投入的直接关系更容易看出。买更多的书将花费更多的资金,聘用更多的教师会提高成本。然而,当谈到资金投入与教育质量关系时,就有很多不同的意见。很多人认为教育质量的提升可能要增加成本。少数人认为教育经费的增加必然会提高教育质量,而大多数人则认为,没有教育经费的增加,教育质量也可以提高。

约翰斯、莫费特和亚历山大三人承认教育质量很难测量,因为它可以从不同方面来定义。然而,基于大量的研究,他们达成了以下关于教育质量的结论:

> 与高于国家平均经费的教育系统相比,教育经费很少的教育系统的教育质量更加令人不满。经费少意味着较少的领导队伍、更大的班级规模、低水平的教师和教学

方法，以及其他导致教育质量低劣的因素(1983,184)。

学区如何支出经费

研究效率的第三条主线是监测区域性的政府对教育的支出，特别关注直接投资在教室以及教学上的资金量。假设条件是关注有关教室层面的资源配置提高了办学效率。一些研究显示，不论学校的规模大小，学区总以相似的方式来配置其资源，大概有60%～70%的预算投入到教学中，另外8%～10%用在教学配套(学生服务、课程开发以及专业发展)上。行政事务开支大概占预算的10%(Odden et al.,1995)。一些州报告卡试图说明学区正在支出多少经费，这些经费提供了怎样的服务。诸如报告卡的信息是我们问责文化的结果，是我们渴望了解资源有效利用的反映。

校长如何考量效率

访谈的校长认为效率不仅仅是为了实现学校办学目标而使用的资源总量，而且是有效反映了使用这些资源的情况。他们将教学资源定义为时间、金钱、资料以及服务。因为访谈时间是在缩减教育财政支出的时期进行的，所以所有的访谈对象都感觉到急切需要提高效率的压力。大多数校长认为提出财政资源削减的2003年是他们在俄勒冈州所遇到的最糟糕的一年，大多数校长都对公共教育的未来和经费的分配感到深切的担忧：

> 压力越来越大，责任越来越多。在资产税减少之前，如果我们有困难，都可以得到援助资金。我们只看结果。当学校想提高学生阅读成绩时，我们聘请了一个专家，在全校范围内做这项服务，然后看到学生阅读成绩的提高。

我们从教育学生转向让他们积极储存知识——标准化的考试有助于学生阅读和写作，但是我们让孩子失去了各种发展的机会。

——大型城市高中的校长

当提到时间效率和财政削减时，你知道我不会像去年那样努力。非常保守地说，我们每周工作65个小时，在冬天的时候我们每周(包括周末)工作75～80个小时。你不可能做更多的工作，所以问题是你要区分事情的先后顺序。你不得不想："我要放弃哪项工作并且不会因此而感到内疚呢?"每件事都有其意义，有些事情比别的更重要。从领导力的角度看，我觉得需要坚持那些我们专注的事情。所以既然知道我们不可能把事情都做完，那什么才是我们应该专注的，以及什么是绝对的优先?

——大型城市高中的校长

我正在把各个部门的经费削减下来。效率不是我目前最需要实施的事情。我已经做的一件事情是停止购买新的教学设备，因为你花费的经费并不等同所带来的价值。我们再也不能承受这些支出。这会给我带来极大的恐惧，因为在2～3年之内，这些技术就会被淘汰。正如你看到1997年的电脑——它越来越老化。

——大型城市高中的校长

我们正在受到伤害。明年，我将终止几个项目，班级的规模将会增大，变得像20世纪30年代中期的时候一样，当你在进行实践项目时，并没有效率可言。你将减少活动量，因为照看35个孩子比28个孩子要花费更多的

> 时间，这才是真正让我担心的。我们花了整整5年的时间，特别是最后一任校长，建立了很大的项目，我将看着它一点一点地萎缩。
>
> ——中等城市高中的校长

提高财务效率的策略

提高教育系统的效率有很多方法，但基本上都能归入以下三类(Coombs and Hallak，1972)。第一，提高效率可以通过改变数量、质量或者收入的比例(教师、学生、教学器材、课程、设施、设备、后勤)而不改变教育系统的现有模式来实现。第二，大幅度地修改系统的基本设计也可以提高效率，这涉及对新技术和新设备的引进(在线课程、视频会议、电脑等)。第三，最快提升效率的方法是设计一个全新的、明显区别先前的教学和学习系统。

在全国的一些地方，第三种方法正在进行。对于孩子的教育问题，私立学校、特许学校、营利性学校、网络虚拟学校、家庭学校，以及其他一系列学校中的学生人数增长正是人们寻找全新效率方法的证据。

决策者已经采用三种策略去提高学校的财政效率。第一种策略是持续关注更佳的管理运行，这个已常用于商界。第二种策略是通过严格限制税收的政策来控制州政府在教育上的开销。几乎所有的州都加强了各种对学校开销税收的限制(Firestone et al.，1997)。第三种方法是问责制。通过尝试效率责任体系(对卓越进行测量)，各州都制定了各种方法来衡量学生成绩(通常是标准化考试和其他的成绩评价制度)，然后依据这些学生数据来制订学校改善计划以及财政奖励或惩罚的政策(Firestone et al.，1997)。这类系统将效率和成效结合在一起。学校对办学资源的使用负有责任,这些资源的使用要提高学生的学习成果。

结论

有关经费的充足和公平问题的讨论非常明确。“作为一个社会,我们不能克扣教育资源而期待学校运作富有效率。教师和学生都理应得到充足的资源,并且公平地分配。”(Stockard and Mayberry,1992,121)。但问题是这个充足的量是多少?使用这些量的结果是什么?对此,公立学校的校长一直在努力寻找提高效率的方法。学校改革的下一个突破口在于学校和学区如何高效率地使用时间、资金和资源。

讨论要点

1. 你所在的学校或学区以什么方式来处理因提高效率而带来的压力?

2. 什么方式使你们的组织变得更加高效或更加低效?

3. 当效率优先时,公平和卓越会发生什么变化?

4. 你所在学校或学区怎样展示效率的影响力?

第五章　在"三角张力"中求生存

我们有一个不可动摇的信念：我们是民主社会的基石。这是社会最重要的职业，我会和任何一个人进行理论，直到面红耳赤，因为我坚信这是真理。我相信以前的20—40年里我们所做的努力，我们将回顾和考察我们做过的英雄般的工作。我们面对的挑战比其他行业要大得多。我们对孩子的贡献和孩子们取得的成果，毫无例外地比其他任何工作都更有意义——这就是我不断前进的动力所在。

——大型郊区高中的校长

"三角张力"可归结为一个词——问责制，校长们每天必须面对的正是这种对卓越、公平和效率的问责。然而，问责并不是新事物。

问责文化

只要家长们把孩子送进学校，教育工作者就必须一直对孩子负责。普鲁塔克(Plutarch)写道："父亲们自己应该每隔几天就对孩子们进行测试，不要把希望寄托在受聘教师的管理上。因为，即使那些受聘教师知道他们必须时不时地汇报孩子们的学习情况，他们也会把更多的关爱倾注在孩子们身上。"(Ulich，1948，96)

家庭是第一个教育场所，家长对孩子的教导负有责任。随着宗族、部落和国家的发展，教育的功能变得更为正式，宗族、部落和国家的命运或多或少取决于既有的教育系统的表现（Morris，1972）。

尽管问责的形式随着时代的发展而变化，但是教育的终端产品——学生的表现——一直没有改变。然而，问责的范围已超出学生的表现。它也包括让顾客知晓学生的这些表现，对他们的反馈作出回应（Unningham，1972）。

责任是对输出的东西表示关注，在美国，改革者们一直在想办法对一百多年来的教育输出进行评估。“至少在1883年就开始，许多消费者、委员会、考察团审视美国的教育系统，发现其有所欠缺”（Bracey，1994，1）。贺拉斯·曼（Horace Mann），一位19世纪早期的学校改革者，就学校教育质量问题和波士顿的校长们陷入了冲突。他说服了当地的校区对抽取的一批学生进行统一的书面考试，虽然考试的结果支持了他的批评意见，但他的新式评价技术并没有被采纳（Wynne，1972）。

1883年，约瑟夫·迈耶-赖斯（Joseph Mayer-Rice）考察公立学校，发现它们缺乏监管，充斥着未经训练的教师，受制于政治腐败的董事会（Bracey，1994）。到1895年，赖斯说服学校对1.6万名学生实行拼写测试。测试的结果表明学校花在拼写课程上的时间多少与学生的成绩没有关联。然而，这个结果受到教育工作者的广泛批评，他们协同一致，谴责“用学生是否能通过拼写测试的方式来发掘教学的价值”是非常愚蠢的做法。测试者们声称这种工作的目标不是教孩子怎么拼写，而是培养他们的思想（Wynne，1972）。

赖斯是一位儿科医师，他受过心理测量方面的培训，而且并没有就此停止努力。1902年，他在《论坛》(*The Forum*，刊登社会批判文章的杂志)上发表了一篇关于学校需要问责的文章，批判教育工作者把教育建立在舆论的基础之上。他号召用科学的测量标准来决定教学方法，以此来认定教育成效是否最大化。赖斯通过《论坛》组建了一个教育研究部，但是由于教育工作者的敌意再加上缺乏资金，他没能实现他的研究计划(Wynne，1972)。赖斯强烈要求对质量进行测评，但是财政(效率的一个功能，“三角张力”的例证)阻碍了他的卓越运动的实施。

尽管教育工作者可以让研究团体对问责所做的努力受挫，但是他们不能避免弗雷德里克·泰勒(Fredrick Taylor)的管理效率模式，因为20世纪初这一模式在商界已非常盛行(Wynne，1972)。类似于现今的标准运动，这是学校只是反映社会潮流而不能决定社会潮流的又一例子(Patterson，1978)。

在运用泰勒主义的科学管理原则时，管理者们通过学生的成绩或者上课的时间来关注学生的提升程度，并以此作为指标衡量教育的有效性。他们并没有强调教育产出——学生学到了什么，而看重的是教育输入——学生被动接受的——企图以此来衡量教育效率。当时的教育工作者不喜欢泰勒主义对学校造成的影响，这种态度一直持续到今天(Wynne，1972)。

标准化测试的诞生

标准化测试运动的第一次重大突破是第一次世界大战的结果之一。政府雇佣行为主义心理学家来对百万应征入伍者的天资进行归类和确认，并以此方法向军方提供建议。他们的建议包括采用大规模的、客观的统一测试。学校不久就模仿这一做法，开始采用标准化测试作为测量学生能力和天资的手段(Wynne，1972)。

标准化测试此后不断变化，版本不断修订，但是测试的基本目的一直都是测量单个学生的表现而不是学校的表现。只是在过去几年里，标准化测试才被用于测评学校的整体表现。至于这些标准化测试是否能准确地测评教师教学和学生学习的效果，学校改革者们依然存在很大的分歧(Kohn，1999)。

正如一些研究者指出(Porter，1994)，在美国，让学生为自己的成绩负责，而不是让学校为他们的结果负责，这一趋势实为古怪，但是我们就要看到这一趋势的改变。近来《不让一个孩子掉队》法案的实施是问责制到来的一个早期标志。全国教育工作者的反应折射了一百年前同僚的反应：我们依然不喜欢局外人来评判我们，告诉我们该怎么做，对我们进行问责。

问责制的重要性

Winch(1996)认为任何一个健康的教育系统都需要保持问责制度。他宣称看一个组织能否回应问责，要看它是否实现了当初建立的目的。换句话说，问责制要想运行，就必须事先声明机构的目标，至少利益各方要达成共识。在问责制的辩论中，研究表明师资质量是决定学生成绩最主要的因素——甚至比经济状况更重要(Kelleher，2000)。正是由于这个原因，近几年来国家相关部门投入的精力、财力和政策直接指向教师教育和岗前培训，以期培养出更多集高水准、责任感和期待于一体的高素质教师。

近年来，全世界的趋势是问责压力不断增加，这些问责不仅来自机构之外，也来自系统内不断加强的领导问责制。大部分国家尽量把一些对权力、责任的测评下放到学校层面，同时要求测评必须遵循国家统一制定的标准框架。因此这就存在“同时具备集权与分权悖论”(Caldwell and Spinks，1998，11)。这种悖论增加了管理者的压力，管理者既要处理问责的外部需要，又要处理不断增加的问责内部需要，内部问责压力的增大源自其拥有权力的增加。

责任感是指学生、教职工或家长在学校朝着实现卓越、公平和效率的过程中对他们自己的进步所能承担的责任的程度。在卓越方面问责制的压力可能来自教育董事会或者监管人，原因是考试成绩较低。校长必须对财政负责，学区事务管理人员也应对州政府负责，关于如何适当使用学校财政资金，政府制定了大量的政策。最后，来自一份正在调查的骚扰报告，家长要求校长对班级的编排甚至是孩子最终的成功负责。无须说明，所有的责任加起来会对校长的管理造成很大的压力。

10 年以前，教师和校长仅仅通过努力工作和遵守公认的职业标准就能够达到问责制的要求。然而，目前的问责运动强调的是结果，专家对当今的问责制确定了 5 个基本要素：建立严格的内容标准、测试学生的发展、标准与测试结果相结合的专业发展、问责结果要向公众公开，以及结果导向的奖惩和定向资助（Lashway 1999）。

克里斯托弗 · 温奇（Christopher Winch，1996）认为问责制三种历史性的压力目前正影响着教育的政策及其实施。第一种压力和人们寄希望于教育这一事实相关。即使人们的希望有时被夸大，但是事实依然是社会把教育看作维持道德秩序和促进经济发展的必要条件。第二种压力来自于美国新自由主义的兴起。新自由主义者认为政府的作用应该最小，只要有可能，公共的和私人的物品都由市场来提供。只有用这种方法，才能保证选择的自由和服务的质量。第三种压力因素是专业人员和普通大众的认识差别，这种压力整体上呈下降趋势。以上三种压力因素交织在一起，把问责制推到了教育的最前沿。

校长们怎样成功地驾驭“三角张力”

公立学校的校长们是非常了不起的人。在面对貌似不能克服的问题时，他们一再挺身而出，迎接挑战，绝地逢生。我访谈过的校长们不断地展现出创新的志气和韧性，不仅从“三角张力”中幸存下来，甚至以问责制的要求为契机，实现了学校的变革。

卓越：基于标准规范的教学

我访谈过的校长们，在从内容导向的教学转向标准导向的教学过程中感受到了压力。然而，几乎在所有的实例中，这种张力被看作是迈向卓越积极的一步，因为它改进了教学：

> 学校改革中好的方面已帮助我们找到了目标。设立标准不是件坏事。特别是在我之前的学校经历中，它创造了一种紧迫感，确保我们按照标准教学。
>
> ——大型郊区高中的校长

> 起初，我建议在开始起步的时候给我们一个改进的框架、一些极好的目标。我会全身心投入到当中。我想所有的孩子都能变成有能力的阅读者，所有的孩子都具备毕生所需的数学技能。当那些建议刚开始就被采纳的时候，我就决定全身心地投入标准的实施。
>
> ——大型郊区高中的校长

> 这些标准使我们非常明确地把教学重点放在孩子们成功通过国家成绩测试所需要的所有学习内容。我们重点关注课程设置的针对性和随之而来的新教材使用，我

们认为孩子们采用这些教材能够取得成功。因为这种压力，我们希望寻求越来越多的机会。

——大型郊区高中的校长

我认为我们的部门领导对这些张力处理得相当好——特别是数学组。他们为了事业协同一致，研究这些标准，并和全国标准进行比较，围绕标准规划课程，并让人们对承诺的事情负责——所以我认为基于标准规范的教学获得了广泛支持。

——大型郊区高中的校长

向标准化转变伊始，会有更多的冲突，但是到目前为止，冲突降到了最低点。

——中型农村高中的校长

与卓越相关的创新 一些校长通过创新来提高学校的成绩和卓越，这些创新在某种程度上改进了教学和学校的氛围。在很多情况下，那些创新的实行花费了大量的时间和精力：

我想实行一段时期的咨询做法，把学生分成几个小组，每个组有20～25名学生，每个小组由一名教师负责，他们监测学生的学习成绩，看他们是否能走上正轨从而获得“初级证书”（俄勒冈州高中颁布的基于表现的评估证书）。实行这个方案花了我一年的时间。我们参加了全国中学会议和“2000年转折点”大会。为此我们为管理委员会购置了书籍。我们设置了一个图表，展示我们的做法，展示“2000年转折点”建议我们采用的行动，展示我们需要做的事情。之后，我把这些计划贴在人们能够看得见的地方，年末的时候，我以此说服人们我们需要进行一段时期的咨询。为此我们需要咨询师满足学生的日常需要,每个年级按字母顺序进行。但是学生们3年来见到的都是同一个教师,那不是我所能改变的事情——最重要的任务是让咨询成为学习过程的一部分,而不是把这个决定强加给他们,以使他们确确实实地拥护这项决定。我们必须要有85%的教师赞成,结果我们做到了。

——大型市区中学的校长

一年前,我得到了国家的学校改进基金。有了这些资金,我们就能设置一个专职的阅读教师职位。我们有一个极好的中级阅读教师。在夏季,我们坐下来谈了谈,分析了八年级的阅读分数,我们确定了目标群体,15个技能类似的孩子构成一组,我们确实把小组建立起来了。在一所高中,这是个值得骄傲的项目。我知道研究表明“你不能在高中阶段实施这个方案”,但是你可以取得不错的效果。我们曾经在阅读成绩中获得了最大的提升,学生达标比例从52%飙升到62%,略低于标准的孩子人数也很多。一年之内学生阅读成绩有了巨大的转变。

——大型郊区高中的校长

核心知识是卓越理念的一种运用,因为它明确了学生需要知道什么,它有助于教师组织课程内容。核心知识是内容导向型的,教学标准在设定的内容之中。学生毕业时学到了某些基础知识,那是非常重要的。

——中型农村中小学的校长

现在我们进入了高级课程项目,与以前任何一年相比，今年我把他们分成人数更多的小组。看着这些孩子就令人吃惊。有些孩子目前处于完全恐慌的状态，但其他人整年做着非凡的功课，情况就是这样。对于那些参与高级课程项目的人来说，这变成了年终展示的一部分。他们在高级课程项目里所做的一切绝对让人刮目相看。

——中型农村高中的校长

我将和大家分享一些用真正非传统方法教授孩子的颇有意义的经验。我们调查孩子，问他们喜欢什么、什么使他们兴奋，由此我们创办了一个橄榄球俱乐部、一个摇摆舞俱乐部、一个机器人俱乐部和一个之前从来没有过的骑马俱乐部，孩子们参与的积极性都很高。你知道，孩子们参与到活动中时，也是一种学习活动，会表现得更好。

——大型郊区高中的校长

提供公平

依据环境，校长们会从两个不同的方面来考虑公平：公平的待遇和公平的机会。公平的待遇是指公正平等：对每个人都一样。然而，大部分时候，校长们努力创造的是公平的机会。在一个提供公平机会的学校系统里，会对某些学生提供不均等的（或额外的）资源以使他们有公平的机会取得成功。学校从联邦政府获得为残疾学生提供的50%的额外国家基本资助，就是一个说明公平的机会在财政分配方式中如何起作用的例子。

公平待遇　在员工安置、制定规划、分配设备和其他资源的校务管理中，校长们都会努力做到公平：

让我们来看看学术活动。我们有一些教了18年的老教师不愿意放弃微积分。我们有一套分享资源的哲学。我们希望更多地控制学生。你不想让某个学生数学成绩很差,因为这样不会激发他们的学习兴趣,不会使他们奋起争取成功,也不会给教学注入新的活力。那么我们要如何运用公平呢?我们要分享财富。不能有人只带好班,每个人如果不能带到两个好班的话,至少可以带一个。

——小型农村高中的校长

许多校长认为他们的学校更好,因为他们有公平的政策,这些公平政策促进了多元化的发展,大部分校长积极致力于确保所有的学生能够受到公平的对待:

我们每个月都有一个学生之星。去年我关注了所有的墙上信息,今年我让咨询组看看这面墙然后告诉我他们看到了什么。他们没有看出什么。我说:“我们是一个非常多元的学校,你们看到这面墙反映出多元化了吗?”我告诉他们我们不得不去掉那些词—— 一个黑人孩子,一个亚洲孩子,一个西班牙孩子,他们可能就是当月的学生之星。现在,我们该怎样把这个意见告诉给员工呢?当我们的孩子经过这面墙的时候,我不想让他们有这种看法:要成为当月的学生之星就必须是白人。

——大型市区高中的校长

给予公平的成功机会 校长们千方百计地寻找办法发展各种项目,满足学生的公平需要,甚至在资源越来越少的时候,校长们仍在努力根据学生的需要为其提供平等的机会。校长们主要是通过差异教学和发展综合性项目等路径寻找满足学生需要的方法：

> 学生的确有各种不同的需要。以英语为第二语言的学生需要更多的时间，需要用英语进行教授，“特教”的孩子需要额外的、差异性的教学。
>
> ——大型郊区高中的校长

> 如果一名教师每天所教的学生数量和日常基本工作量较少，那么他们能够进行更多的差异性教学，因此如果每名教师每个学期所教的学生数量是90人而不是180人，那么教师们能够更好地了解他们所教的学生，掌握学生的学习情况，熟悉学生的学习风格，有针对性地满足每个学生的需要。当学生们满足了各自需要的时候，教育卓越便水到渠成。分块教学计划有助于这种关系的建立。
>
> ——大型市区高中的校长

> 我来告诉你另外一个例子。我见过教育服务部门(地区教育服务中心)的一位顾问，谈到了我这里不断增长的以英语为第二语言的学生群体的需要。他对我说：“我知道我们绝对没有过这种情况，但是我打算要求学校提供一个教室，学生本来就该拥有自己的年级教室——一个他们常去活动的地方。”我们为他们创造了一个空间，他们可以用任何一种他们想要的方式去装饰它，也可以决定他们什么时候去那里。那么，我可以照此对待所有的孩子吗？没有，我没有对每个孩子都如此，但是为了那些以英语为第二语言的孩子们能够全身心投入到学校活动，我这么做了，那是他们本来就需要的。
>
> ——大型郊区高中的校长

我们为处于危机的孩子提供机遇和项目方案，根据他们自己的学习节奏和学习水平来满足其需求。这些项目并不伟大，但它们的确很不错，尽管我们的预算在削减，但我们继续保持这些项目。我想某些联邦法律，特别是有关公平的法律，在促使一些组织，包括我们的组织，为所有人提供更多的机会。我想联邦法律和政策起了很大的帮助作用。

——大型郊区高中的校长

校长们能够帮助营造反映机会平等的校园氛围——特别是根据学生需要进行组织时。

当我到这里上任的时候，有很多学生被贴上了标签，比如小团伙、小流氓等。我有走上讲台的冲动——基于一种精神信仰——我们必须奉献出无条件的爱接受每一个孩子，不管他们来自哪里，不管他们长相如何。我们带着这种信念和承诺出发，我们正把援助之手伸向那些辍学的孩子，那些处于危机的孩子。

——大型郊区高中的校长

最终的结果并不是追求与众不同，而是提供希望。每一个学生，每一节课，每一天都应该充满着希望。我们践行那些哲学思想，看到学生的积极行为在急剧增加。去年，1186 名学生中，总共只有 6 名学生因为争吵而受到纪律处分——整年只有 3 起打架事件。这是难以置信的，特别是对于新生来说。

——中型农村高中的校长

我们应该回归到这样的理念：每个孩子走进校园的

时候，都要获得尊重。我们要向学生展示我们尊重他们——即使我们和学生在某些观点上各持己见。

——大型郊区高中的校长

效率：正面效应

校长们找到许多方法来精打细算，充分合理使用日益减少的资源，效率的提高主要表现在资源利用和员工表现两方面。资源方面要从时间、金钱和物质上来定义：

同盟里的校长们每个月聚会一次，交换意见，集思广益。起初，我们是采用体育运动的方式，但是在过去的一年半里，我们改变了做法——现在我们花90%的时间进行学术探讨。这么做帮助极大。我们共享手册、法规和故事。这节省了我们的时间，我们不会白费力气做重复的工作。我们有共享的课程。我们确实也在共享教材，可以反复借阅。

——小型农村高中的校长

当我考虑效率问题时，我就想到时间，想起我在这个学校的经历——和其他人说的正好相反——效率不是学生投入时间的总量，而是教学时间所取得的质量。我有一所学校，在时间方面达到了最低的要求，但是在全国任何一个地方的人口统计数据方面，他们表现最佳。真正起作用的不是时间的多少，而是时间的质量，这是效率的一个明显指标。我查看过这项研究，我明白人们是多么地强调质量，而非最具影响的数量。对于我来说，效率很清晰，它就是你此时此刻正在做的一切，使用有益于孩子的教学方法。

——小型农村中小学的校长

但是我也知道我们可以度过预算削减的困难时期，几年之后我们就能获得更多的资源，能够重新聘回某些人。社区的人们意识到我们已经受到了影响，所以他们更加支持我们，最终，在多年没有通过一项协议之后，他们终于能够达成协议，他们现在正打算今年秋季创办一个新的高中。

——大型郊区高中的校长

我们现在不得不做的是取消一般性的采购，把钱花在真正能起作用的地方，像物品供应，我们的资源配置主要满足特殊学生的需要，用我们的经费满足那些需要。我们关注差异性教学，并且寻找实施这一方法的必要材料。

——小型农村中小学的校长

为了有效地利用员工会议的开会时间，在第二学年我们所做的努力之一就是在星期五晚些时候开始开会。典型的30分钟员工会议并没有取得成效。我们没有解决任何问题，然后又将下班回家，所有问题依旧悬而未决。于是我们向董事会请求每个星期五的会议推迟两小时开始，他们同意了。可以做的工作总量绝对是表象的。开会时间从7：30推迟到9：30，我们做对了，我们准备开始采用这个会议时间。

——中型农村高中的校长

我们办公室的工作针对性很强，我们工作的时间变得更加有效。我们不必做什么和我们可以做什么才会起到更大作用，我和我的秘书常常进行这些富有成效的谈话。我们集体决定消除一些东西，做一些我们认为我们能用更好的、更有实效的方式做的事情。其中一件就是我们意识到8月、9月、10月对于我们来说压力太大，所以我们简化了其中的一些事情。我们花了更少的钱，因为我们的钱越来越少，但是我们更加有效地从其他地方筹集资金。

——大型郊区初中的校长

实行4×4时间表是一个讲究效率的举动——它允许你少购置一些书籍，它也让你和学生建立更深层次的关系，因为每名教师每个学期只教90～100名学生。

——大型市区高中的校长

减少预算并没有降低我们对卓越的追求，却增加了个人损失，因为我们不得不更加努力工作，因为只有加班才能得到同样的结果。为了便利，我们采取的方法之一是挑出越来越多的事情，请员工帮忙。他们确实非常出色地回应了我们的请求。

——大型郊区高中的校长

我们的人手越来越少，以至于我们所做的工作越来越多。实际上，1月的第一周我们请了一位专家和员工一起工作。我给一位作者写信，他告诉我们应该聪明地工作而不是拼命地工作。他给了我们一些很好的关于效率的理念。在此影响下，我们学校人手虽少，但是效率却更高。

——小型农村高中的校长

规划我们想要的变化是我们的使命，一些好的结果能由此而来。我们可以确保我们不会带着累赘和我们不需要的项目回来。在增加这些项目之前，我们要确保它们有利于我们的主要使命。因此，这是一个积极的方面——另外，我们能进行更多的整合。明年的整合比以前的更多，因为它具有强制性。我们的课程将更加容易无缝对接，因为7—12年级将会整合在一栋教学楼里。

——小型农村高中的校长

通过效率增加支持 其他一些校长谈到，站在员工的角度进行艰难的预算决策确实可以聚集人心，齐心协力，相互支持，比以前做得更好：

我想在一个真正受到严重打击的地区，预算削减了18%，我们知道人们能够完成一些创造活动，有时候，特别是在艰难的时刻，困境能够把人们团结起来，创造一种社群感。不同的回应可能会出现，人们在极力辩护和不认同的情况下可能会说“我没打算做这个”。但是，当涉及领导权的时候，他们会说“即使资源有限我们也会勇往直前，不管是通过拨款、额外的努力，还是通过志愿者，或者与企业的合作”。

——大型郊区高中的校长

我已经把我们社区的青年牧师组织起来。我告诉他们我们就要失去一位助理校长和校园保安。我要求他们制定一个轮值时间表，为我监督午餐工作。他们制定了一个时间表，每个人都有自己的间歇时间。青年牧师的到来帮我走出了困境。我们让这些青年牧师明白这里的议定章程，他们跟孩子们进行了积极的交流——这些青年牧师是孩子们在学校里聚会、交流的其他成年人。

——大型郊区高中的校长

积极的效率也会来自各州和联邦层面的项目和政策，包括改革所做的努力和从高风险测试中吸取教训的各种评估方法：

在昨晚预算委员会的会议上，有人说为了节约资金应该取消“初级证书”(俄勒冈州全州高中表现评估系统)，教师们站起来声称，我们并不会做其他不同的事，“初级证书”这一做法并不会耗费额外的东西，而且它有助于教学。

——中型农村高中的校长

我们确实希望能够用这种方式测试所有的孩子，这是“国家高新技术评估”(Technology Enhanced State Assessment，TESA)允许我们做的。一旦孩子们准备好，我们就能用这种方式进行测试。

——小型农村中小学的校长

回到立法者所能做的事，我想我们的确需要看到学校能够更加稳定。我认为，《不让一个孩子掉队》法案对于巩固学校来说是一项隐藏的日常工作。我不在乎你们说什么——如果你们能避免，就不应该有那么小的学校。沿着这条路，就有一所高中，离我们 12 英里(1 英里≈1.609千米)远。今年他们的等级下降到 2A。他们正在萎缩，他们的资金确实十分紧张——我们甚至都没有办法和他们联合起来。但是如果立法者能够采取奖励措施的话，我想他们马上会行动起来。从长远看，立法者可以节省资金。

——小型农村高中的校长

结论

尽管校长们非常成功地找到了一些平衡卓越、公平和效率三者需求的解决措施，但是依然存在与这些价值问责相关的大量张力和冲突。当然，我们没有简单的答案，也没有快速解决“三角张力”的办法。然而，我们可以从校长们那里学到成功的经验，并且运用那些知识，为成功地处理“三角张力”设计一个框架或者模式。我给这种模式取了个专业名称，叫做“学校质量提升框架”（Quality School Improvement，QSI），下一章就是有关这个框架的讨论。

讨论要点

1. 问责制的压力是怎样影响你的学校或校区的？

2. 在这一章呈现的案例当中，哪一个案例对你的学校最有帮助？为什么？

3. 卓越、效率和公平这三者中哪一种价值观给你的管理工作带来最大的困难？为什么？

4. 读完本章之后，你是否产生一种拟在你的学校尝试有关效率、公平和卓越的构想？

第六章　学校质量提升框架

迈克尔·富兰(Michael Fullan,2004)早已指出,当今驱动教育改革和提升的首要任务是解除障碍和消除差距。解除障碍增加成功,而消除差距则帮助那些有潜能的学校获得成功。卓越运动的作用在于解除障碍,公平运动旨在消除差距。在公立教育中,通过施加降低成本和杜绝浪费的压力,会产生出对工作中"三角张力"的另一种理解。

卓越就是做得更好,公平就是公正,效率就是减低成本。在现今政治环境下,这是驱动一个问责运动的价值所在,但由此产生的指向校长和学校领导自身的"三角张力"对于这些校长和学校领导而言几乎是难以克服的困难。从《不让一个孩子掉队》法案到《特殊教育法案》再到《财产税限制法案》,学校领导们发现自身已卷入了法律冲突的纷争之中。随着预算的下滑和班级规模的扩张,要在弥补成功差距的同时增加更多的成功看起来是不现实的,但有些地方的确能够做出这样的成就,研究者迈克尔·富兰在他的畅销书《学校领导者的道德规则》(*The Moral Imperative of School Leadership*,2003)中就记录了这类成就。

提升、改革和重组

改革者和研究者大卫·康利(David Conley,1999)设计了一个框架来解释学校提升的相关行动。在这个框架中,行动分为提升、改革和重组。提升项目即帮助一个组织运行更加有效的学校改进运动,指运用一些学校改进行动来帮助学校组织运行效率的提高,而不去改变组织的任务和功能。

改革活动更加深入。他们会改变现在的流程和制度以适应变化的环境。这些变化包括外部的法律、政策和压力。

重组涉及的行动是从基础上进行的,它改变组织内外、组织间以及与外部世界的原有设定、惯例及其相互关系。这些变革会产生有益于所有学生的提升以及各种成果(Conley,1999)。

20 世纪 80 年代发生的自上而下的学校改革在当时本质上是以外部为主的,因为各州和联邦政府提出了新政策,学校和学区被迫进行改革(Moses,1990)。重组代表着教育改革的第二次浪潮,这次教育改革更加持久、更加可持续发展,但是实施的难度也更大。在 20 世纪 90 年代,其基本成果体现在数学和文学学科,这是因为教师和校长具备了这些学科更好的知识,但是由于缺乏拥有者的支持,许多这样的改革无法持续(Fullan,2003)。在一套全新的有关理论和实践的设想下,只有通过重组而得以重建的学校才能缩小成绩上的差距。

真正的公平

真正的公平是建立在需求之上而不是供给之上的。换句话说，真正的公平不是每个人获得相同的对待，而是因为他们的需求得到相应的供给。这样的话，公平和卓越就是可以共存的，事实上，它们内部也是相互关联的。真实的问题不是有多少因素在争夺资源，而是如何分配资源去支持公平以获得卓越。

福特和哈蒙（Ford and Harmon，2001）对卓越和公平不能共存这种观点提出了疑问。他们不赞同这种观点即强调公平需求会导致课程质量水平的下降。他们建议满足所有学生的需求，而这些需求必须通过大量的评估进行精确的计算。加德纳（1983）和斯滕伯格（Sternberg，1985）的文章举例说明智力是多面的、复杂的，它可以通过不同的形式表现出来。教师们齐心协力，共同努力，就可以获得评价和决定学生的智力、学习类型和学习需求的方法，而且这些方法是可行的、正当的、可靠的和有效的。

坚持公平就是给所有学生相同的对待，这一观点是无法实现卓越的。如果根据个体学生学习需求来考虑公平，那么就可以开始设计有效的教育系统去满足个体学生的需求而不是设计一视同仁的教育系统。

劳埃德（Lloyd，2000）倡议，对于如何教育学生这一问题，我们要进行重新的、完整的设计。他指出：如果原有的学校组织、课程体系、评价和测试流程仍旧保留，或者不进行重组的话，那么为所有学生提供卓越和机会公平就不可能实现。他还提出：只要教育改革的中心仍旧致力于现状维持、不公平和差别歧视，那么无论花费多少，所有学生的卓越将不可能实现。

我们在平衡卓越和公平的教育需求上陷入了两难境地。如果不去除流水线式的教育理念，这种平衡就不可能达成，在以往流水线式的教育下，所有学生接受同样的指导、课程和干预(Zimmerman，1997)。为了实现这种平衡，必须借助史蒂文斯(Stevens)提出的“品质导向范例”(Stevens，1992，50)，在这个范例中，公平提供给每一个个体，个体的特殊需求一旦满足，他便可以在其能力所及的范围内达成卓越。

学校质量提升

与可测量的结果相比，卓越是通过不断的持续改进而取得的。它是学校组织、学校等级或者成绩单的综合表现。公平是通向卓越的阶梯石。公平与卓越之间并不存在冲突。事实上，它们非常一致。当个体的需求得到满足后，团队的整体表现也得到了提高。从系统的观点来看，公平和卓越相互关联，目标是卓越，而公平是你如何取得卓越的。

我曾经设计了一个可视化的框架来展示如何管理“三角张力”。目标是卓越，而公平是你如何取得卓越的。在这个框架中，高水平的效率带来高品质。

正如图6.1所示，框架由一个箭头开始。如果学校领导关注如何满足学生的需求以及学生(教师)指导方面的工作，学生个体和学校整体的卓越就会实现。

图6.1　公平直接影响卓越

资源(时间、资金、材料设备和服务)是有限的。每一个学区和学校都是定额的。图 6.2 显示了资源的分配。根据现已取得的资源来摆放公平—卓越的箭头。例如,在资源图上,箭头的摆放在生均 4,000 美元时将会低于生均 5,000 美元的位置。

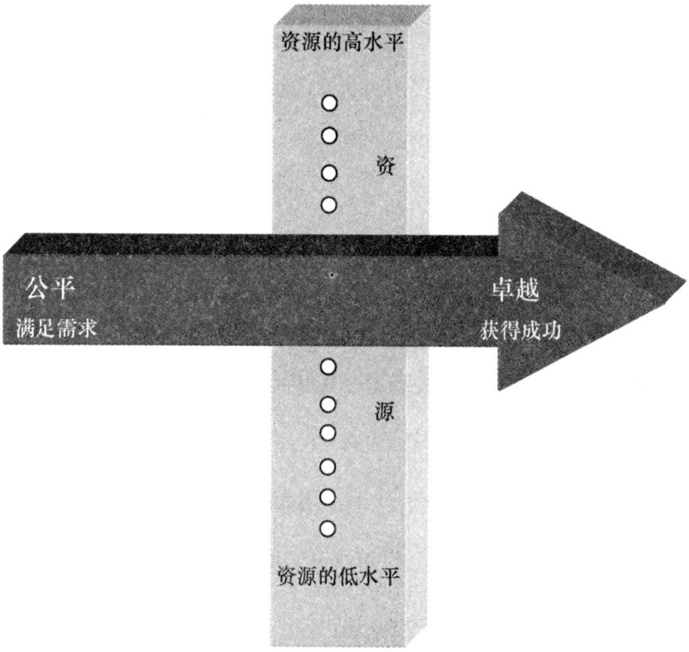

图 6.2 每个学校资源有限

(公平—卓越的箭头摆在相应的能够获取的资源程度位置上)

尽管分配给每个学区和学校的资源有限,但学校使用资源的方式各不相同。资源如何使用就涉及效率的功能问题了。在这个框架中,资源的有效使用会严重影响到卓越的功能。当学校和学区在满足需求上变得更有效时,它们可以在不需要额外资源的情况下取得高水平的质量。正如图 6.3 所示,有效的学校能够影响它们的公平—卓越(箭头方向)达到高水平的质量。

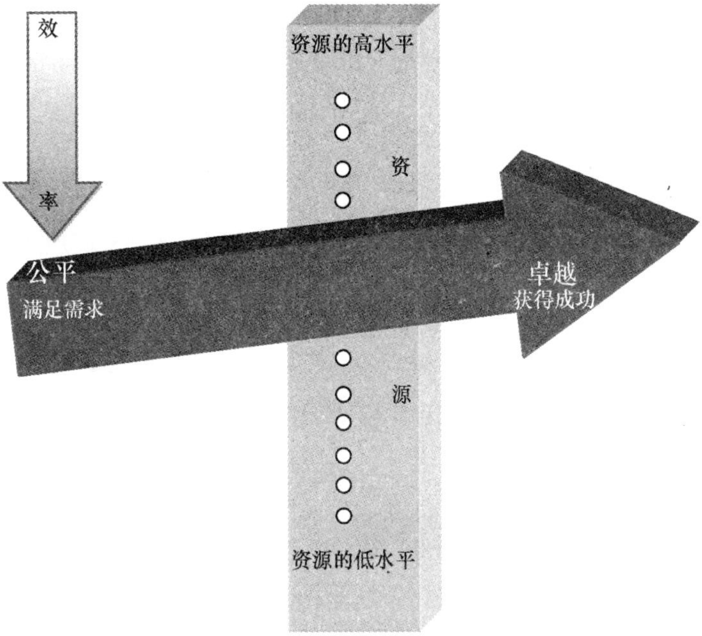

图 6.3　效率在通过公平取得卓越的过程中所起的作用

（组织在满足学生需求方面越有效，越能达到高水平的卓越。当然，组织无效时则无法达到卓越。所以高校组织能够利用较少的资源到成较高的卓越。）

管理"三角张力"

卓越是针对个体而言的。当某个人能够持续进步并成为学习者，这时就取得了卓越。它是一场战争，获胜的一方开始成为领导者。公平是通过影响系统而获得的。它需要组织的变革，需要一种新的关注学生需求的思维方式，也需要结构更新和资源开发来支持那些结构。在公平的前提下，效率是取得卓越的途径。有效的组织能够很好地利用它的资源（时间、资金、材料设备和服务）。相比其他组织，它能够寻找到方法来利用较少的资源满足更多的需求。优质的学校和学区不仅已经能够发现如何管理在卓越、公平和效率之间的张力，而且能够利用这种张力推动质量提升。

为了取得公平，学校领导必须提高问责制的控制行为并为更高的目标奋斗，当然这需要承诺和重组。通过做这些，他们将会满足调节机构的所有需求。达成高品质的最有效的方法是满足学生所需的教学需求，以及与学生相关的教职员工的专业需求。

公平是整体性的。管理的职责是提供公平，这样所有的学生才有机会获得成功。卓越是针对个体的。它是经过选择、决定、利用机会及取得很多成功的结果。优质的学校正是通过满足需求（公平）有效地（效率）利用其资源来获取高水平的成功（卓越）。

根据学校提升框架分析质量

以往的教育实践是建立在工厂模式上的，强调的是大规模生产，服从监督管理者的指令，以及忍受完成乏味重复性的任务。在美国，随着新技术的出现，自动化机器和过程已经将人员从生产线上转移。越来越多的商业需要的是有思想、能解决问题和操作机器处理单调任务的人（Cramer，1996）。戴明（Deming）和圣吉（Senge）提出：85％～95％的问题是由系统造成的（Schenkat 1993，9）。换句话说，今天我们在公共教育系统面临的问题已经不仅仅是革新和改革的问题了。现在需要的是重组：为了品质，对现今系统进行完全彻底的改造。

在校长访谈中记录的重要事件可以根据质量进行分类。在所有的339种情况中，125种都在某种程度上与质量有关，分析后得到两种不同的品质分类：产品质量和经历质量。当校长们描述一所优质学校时，产品和经验成为了共同的主题：

> 在一所优质学校，可以感受到教职员工和孩子们的热情。我认为学校应该有多方面的活动，但因为基金削

减，学校的质量有所下降。因为我认为要对所有的孩子公平，我们需要很多的项目，我认为一所优质学校要满足一个基准要求并向这个目标努力。我认为如果孩子在学习的同时教师也有机会学习，那么这样的学校是一所优质学校。

——中等规模乡村高中的校长

我认为优质学校是学生能够受到学术教育和社会教育的地方，体育设施是安全的、有吸引力的，它不只是教学用具，所有孩子都可以使用。优质学校有足够的教师发展计划以促进教师不断获取最好的实践。

——大型郊区中学的校长

那里应该是定性测量和定量测量的完美结合。这需要先进的技术。它依据你拿什么进行比较，它应该是有用的和可实践的，具有化腐朽为神奇的能力。换句话说，它可以让你发觉你本身已经具备的条件并且将它们发挥到极致，当然这是可以定性定量测量的。

——大型城市高中的校长

产品质量

产品质量是指通过数字能够易于量化的方面。我认为，35%（125 种中的 44 种）的重要事件可以归类为产品质量。在学校之间易于测量和比较的任何内容都可以反映产品质量情况。这样的例子包括成绩分数、提升测试得分、出勤率、辍学率、高中完成后继续接受教育的学生数、获得学位的学生百分比、学校内志愿工作时间、具备硕士学位的教师人数或教龄以及暂时离岗和被开除的人数。所有这些内容以及其他更多的东西都可以在学校之间进行衡量和比较。我认为这些都是产品质量的硬性指标：容易测量和容易比较。因为这些数据容易测量和比较，它们也用来生成州和国家的报告单。

经历质量

经历质量是指通过访谈、调查和观察得到的数据。这些“软指标”在学校之间很难测量和比较。它需要投入大量的时间。

当校长谈论他们学校的社团，调查学生发现他们的兴趣爱好，运动项目，家长和社区的态度，提供校内体育活动，拥有良好的学校氛围，提供多种机会，社区服务和指导老师项目时，这些情况都属于经历质量。当校长谈到品质时，65％的时间和内容都涉及经历质量这个领域。有一位校长是用下面这段内容来描述产品质量和经历质量。

> 优质学校是以学生为中心的。它着眼于考虑把学生放在第一位，倾听他们的意见并让他们参与到决策中，也让家长和教职员工参与到决策中。一所优质学校是有办学目标的。学校每年都会分析和总结回顾那些目标。他们一旦制定那些目标，在那一学年度，学校提升计划实际上将变为动态的工作文件。他们真正关注提升效果，使学生变为卓越的产品，让学校公平有效地使用资源。资源配置会基于需求并尽可能地提供。如果没有某些资源，学校会通过募捐或商业合作或提交申请等一切可能的方法满足需求。
>
> ——大型城市中学的校长

对学校的拥有者（公共部门、政策制定者、学区组织）来说，尽管产品质量看起来是最重要的因素，但是对于学校主要的客户，也就是学生以及送学生来学校的家长们，经历质量是最重要的因素。正是由于这个原因，校长们有关品质的谈话有 2/3 的时间或内容涉及经历质量。图 6.4 显示出产品质量和经历质量是如何应用于学校质量改进框架的。正如图中箭头所示，当通过公平达成卓越的时候，产品质量和经历质量的水平将会被提高。

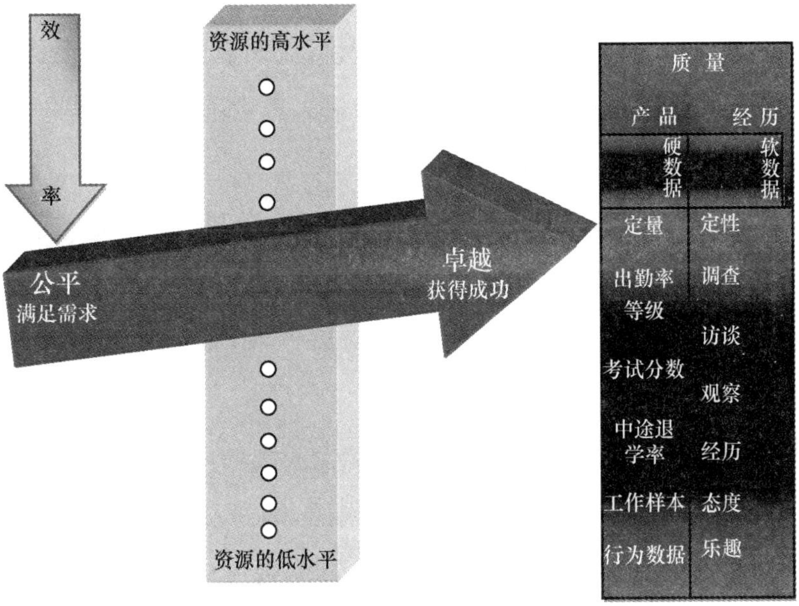

图 6.4 学校质量改进框架

（满足需求，增加学生获得成功的机会，也将为学校所有委托人获取产品和经历质量上的提升。）

为质量而重组

要让为了实现质量重组的承诺而采取的重组行动起作用，就不能只考虑政策方面的需要，无论它这种政策需要来自州政府、联邦政府或者学区办公室。聚焦于政策将仅仅带来革新和改革而已。只有超越政策到达质量的水平，我们才能重组我们的学校。

相比通过政策压力所得到的，重组会得到更多。经历了学校重组的教师把从他们与学生一起获得的成功中取得的内在激励看作最有力的因素。这个最重要的因素让他们在转变教学实践和学校变革的困难工作中能始终保持斗志(Darling-Hammond，1997)。Rosenholtz(1989)的研究支持了达林-哈蒙德(Darling-Hammond)的观点，认为从事教育行业，能够获得成功的机会是一个非常有力的激励因素。

优质学校中的驱动力就是提高人均费用以搭建跨越鸿沟的桥梁，这是学校中所有的或者大部分的成人都要有的坚定信念，因此可以激发学生掌握基本的技能，然后取得成功。这在有效学校研究(Edmonds，1979)中已经有很好的论述。根据我在美国俄勒冈州莱巴嫩学校的经历(见第七章、第八章)，最高水平学校品质提升的获得只能通过包括重组在内的变革方法，而不是不包括政策改革。

罗恩(Rowan，1990)区别了提升学生表现的两种组织变革策略：控制和投入。控制策略是从外部作用的，通过政府政策、中心办公室甚至是校长办公室进行施压。投入策略是一种内在激励，提供环境(空间、机会)以促成取得质量(Schmoker and Wilson，1993)。

《不让一个孩子掉队》法案就是一种普遍化的控制策略。如果学区和学校为了完成这个要求，他们将不可能达成重组优质学校的目标。未来的优质学校有着相比这个法案更加宏伟的景象。可以预见的是，当学校围绕着学生的需求而进行重组时，这个法案将被抛在身后。

学校的突破

美国的学校正在开始建立网络来支持学校提升的工作。迈克尔·富兰(Fullan,2003)建议法律强制要求区域和社会的联系以促进有效变革的发生——需要实践中的校长发挥带头作用。一个民间的学校组织已经形成并在学校提升方面支持和激发一场革命。

网站 breakthroughschools 已经建立并给予支持和鼓励,帮助那些愿意去取得突破结果的学校,这个突破结果被看成是学校中 90%的学者正在努力取得的基本标准。正如校长所知道的,为了达成这样一个结果并持续保持是需要很多努力的。网站 breakthroughschools.org 的目标是加强和鼓励校长、教师和学校领导者去保持这个成果,同时分享信息和资源以促进提升工作的有效性。通过网络优势,学校会变得越来越好。我希望校长们去访问 breakthroughschools.org,并借助于他们的力量持续地提升美国公立学校。

讨论要点

1. 本章介绍了学校质量提升框架。在你所处的学区采用何种方式可以将这个框架运用到学校提升之中?

2. 学校质量改进框架提出满足需求(公平)的重要性是获取成功和高品质的关键。你同意这一观点吗?为什么?

3. 我们几乎都认为满足学生需求是一件正确的事情。但是重组中的关键是让满足需求成为第一要点。你所在的学校或学区当前的工作要点有哪些?同时关于学生需求,你所在的组织是如何更大程度地进行重组的?

4. 你所在的学校或学区采用什么方式评估、监督和获得产品质量和经历质量?

第七章　领导优先权：莱巴嫩学校如何管理"三角张力"

我们每个人都需要选择做好几件事情。过去十年我们一直在被动地应对每一件事情。我们需要缩小范围，确定哪些是要优先考虑的事，并且让每个人知道——这些事要优先处理，然后就去着手解决。

——大型郊区高中的校长

要从"三角张力"中幸存下来，运用"领导优先权"(Priority Leadership)是一个有效的策略。领导优先权拒绝目标设定。进行目标设定会限制一个人，使人目光短浅。目标限定会限制一个人的视野。决定优先权并且百折不挠地实行和目标设定迥然不同。领导优先权关注的是视野、组织的使命，以及不断前进的步伐。领导优先权支持不断的改进。

过去七年我一直是俄勒冈州莱巴嫩市的一名行政官员。本章讲的是我们地区改革的故事，我们试图见证所有的学生以他们自己的速度和水平进步。我们努力在充满压力的效率环境里满足卓越和公平的需要。

莱巴嫩学校张力的产生

我们的故事开始于1999年秋。莱巴嫩社区学区的新主管人吉姆·鲁宾逊(Jim Robinson)不安于现状，而是花了一些时间考察变革的情况，并准备进行下一步——即使天气似乎有点寒冷。当面对大规模的、令人惊讶的变革时，实行变革最英勇的方式就是放手一搏，看着混沌逐渐展开。在公共教育中，那种领导风格可能不会带来稳定的合同，但是会产生变革。

吉姆认为的变革不是一种跋涉。如果理解为跋涉，他知道，在他任期期满之前他面对的强大攻势已经过了他的脚踝，到达膝盖需要花费巨大的努力，越过腰是不可能的，但他只是向前冲去。

社区论坛开放了，来自社区的信息很清楚：为了提高学生成绩，我们需要采取了某些激进的做法。莱巴嫩是坐落在俄勒冈州维拉米特河谷(the Willamette Valley in Oregon)中心地带的一座乡村小镇，拥有人口 1.4 万，地处塞仑(Salem)到尤金(Eugene)的半途中，莱巴嫩是一个正在转型的伐木社区。和美国中部相似，莱巴嫩在裁员过程中经历了它应有的变革——工厂被关闭，失业率上升，贫困不断扩大。莱巴嫩 8 所学校中大部分学校有超过一半的学生享受免费的或者减价的午餐。自从全州测试进行比较以来，莱巴嫩的学生从来没有达到过州的平均水平。我们一直以来都没取得好成绩。那就是我们的状况，我们表现不佳，但我们有很多的借口，从“我们的孩子就这样”到“这地方的家长们不看重教育”等。和许多地区和学校一样，在教育圈子里，对成绩问题我们很少有自主权来评定。

优先权 1——学生成绩系统：寻求公平

从一开始，吉姆博士就喜欢说：“平凡和普通是不可接受的。”莱巴嫩的学校会成功，他会找到办法使其成为可能。社区论坛迅速把这个重要议题置顶。学生没有掌握必要的学术技能却能升到下一年级。这样的最终结果是，高中充满了并没有做好准备的学生。这些学生深陷于失败之中，甚至最好的高中或完善的改进方案也解决不了问题。像美国的许多地方一样，我们善于社会升级，事实确实如此——很长时间以来我们一直在实行这种做法。

尽管进行了20多年的有关留级的研究表明，留级生将成为未来的主要失败者，但吉姆还是投入到改革中。在教育董事会的鼓励下，地区领导开发了学生成绩系统（Student Achievement System，SAS），即在州考试和学区测评的基础上，用一种系统的方式测评学生的成绩。在阅读、写作、数学和口语科目上，我们制定了升级标准。学生必须在州考试和地区表现测评中表现出已经掌握了技巧知识，然后才会获得升级。他们不得不展示出他们学到的知识和技能。有这样一个推动力，钟摆才能从自然升级向留级方向摇摆。你可以想象，我们马上就陷入了失衡状态。

最初，教师、学生和家长一片哗然。不久我们发现，谈论成绩和采取强有力的措施保证成绩是两件完全不同的事。如何提高学生成绩讲起来只是纸上谈兵，但是通过严厉的升级标准去实施，那是很痛苦的。第一年，15％～20％的学生不能达到升级标准，不得不留级一段时间，尽管一些家长对这些标准很纠结，教师们对留级也很不耐烦。对孩子要留级，教师和孩子的家长一样，深受打击。

然而，许多家长的反应则不同。对于我们大胆地采取措施保证学生的学业成绩的做法，他们非常高兴，尽管留级对孩子来说不是首选的方式，但是有人赏识这一做法，因为许多家长们本能地意识到，没有必要的学术技能，学生升级学习只会使其在将来某个时刻遭遇失败。

在迈克尔·富兰的《道义责任》（*Moral Imperative*，2003）一书中，他描述了称之为“实施下降”的现象。它阐述的是这一事实：

当实施体制性变革的时候，通常情况下，最初表现会下降，然后才会看到改进。这是因为体制下的人们不得不适应这一变革，在变革过程中学习新的技能。在学生成绩系统实施的第一年，15％的失败率和压力就是这种下降的一种表现，当我们意识到留级也不是解决问题的办法的时候，我们开始不采用这种做法了。

效率的负面影响：不增加教育投入。实施的第二年，我们感觉这个系统不可行。虽然我们已经有效地中止了自然升级——学生没有掌握成功所需要的技能，是不能升入下一年级的。然而，我们用留级取代了自然升级：第一次失败的学生第二次可能受到相似的对待，在许多情况下，再来一年并不能带来学习的提升，因为我们没有满足他们的需求。学生没有受到额外的或者不同的介入帮助，我们都指向了塞勒姆——我们经费预算的主要来源地，我们需要更多的资金来做好这件事。

全国实施的大部分留级方案都涉及额外的资金，这些资金面向那些达不到要求的学生，用来支付他们额外的暑期课程教学费用。利用这些资源帮助那些落后的学生能够迎头赶上。莱巴嫩的这种做法发生了不同的转变。

我们没有任何新的资金。我们甚至筹不到资金维持正常的运作。在最初实施的阶段我们的钱包就是瘪的，在2003年春，我们经历了全州的财政危机，这是我们区历史上最严重的一次。结果，我们整个预算被迫削减了10％，这意味着40个教师职位中要裁减一个岗位。这几乎不是一种培养创新的环境，但是渡过了财政困境，新的想法就会出现。

满足学生需求成为焦点：回映公平。留级方案未预料到的后果开始浮出水面。留级的学生失去了动力，感觉受挫。他们未能成功升级，他们被送上“旋转木马”原地打转。让学生留级一年在很多情况下是造成留级生消极怠学的原因,学生动机不明、技能不足,没有什么比这更让教师感到糟糕。通过努力的工作、有效的指导和大量的尝试,低技能的学生总有一天会获得成功,但是动机不明、技能又不足的学生只会越来越落后。根据我们的经验,加上留级研究机构的报告,我们相信留级不是最终的解决措施。

学生成绩系统正是在这段时期进入下一步。避免自动升级或留级,改进教育体制,重组时间资源,这只有在拥有一个新的公平理论框架的时候才会发生,这种新的理论框架执着追求的是满足个体学生的需要。

有一点变得很清楚:如果不能在自动升级和留级之间找到一个平衡,我们就不能满足学生的需要。在目前的改革中,学生成绩系统既拒绝自动升级又拒绝留级,自动升级被定义为把一名对学业没有充分准备的学生升到下一年级,留级定义为同一年级要连续读两年。我们学校出现的这种情况可以被看作是不断进步模式的开始阶段。

莱巴嫩学校教学持续改进模型。在莱巴嫩学校,学生准备好了才能进入到下一阶段的学习,其成效是显著的。根据标准而不是年级把全校学生进行分组,教师也就相应地分了组,进而和能力相似的学生组合作。学生根据他们的学习和表现朝着标准迈进。有些学生前进的速度非常快,而其他学生要花更多的时间。当问题从“他们达到了标准吗”转移到“我们要怎么因材施教才能让他们做好准备达到标准”,我们也得到一种新的模式,这种模式出现得越来越频繁,“既然他们已经提前达到了标准,那么我们要怎么做,他们的学习才不会下降”。

学习的过程,就像身体的发展,不是静止的。并不是每个人在一年之内就能够获得一年的成长,那不该是我们期望的事。有些学生在一年之内能取得相当于两年或者一年半的进步，有些学生由于缺课或者生活困难等其他原因，可能只能取得半年的进步。在没有分年级的学校和多年级的教室，学生们能从一个年级无缝地转到下一个年级，每一次变动都要和家长们进行沟通与协作。我们把注意的焦点从公平的标准转移到学生的需要，既然学生的需要是关注的中心，那么学生能达到什么程度就没有限制。追求最纯粹的公平——满足每位学生的需求——结果得到了体现。用这种方式，每一位学生不仅产生积极性，而且也会成功。

因为学生成绩系统下的基本哲学理念是满足学生需要，所以我们不再找任何借口说缺乏资源。一旦发现了需要，通常就需要提高效率来解决这些需要。当面临着怎样去满足学生的需要的时候，教育工作者的足智多谋和创造性真是令人惊异。

和家长们联系，会给那些还没准备好达到下一个学习标准的学生们提供更多的时间，进行目前级别的辅导，直到他们展示出已经掌握好了相关的知识和技能。这样的话，每一个孩子都会成功。当学生准备好了，年级之间和标准之间的无缝对接使我们超越了“六月升级”的概念。在我们“不断进步”的模式里，每当学生准备好了的时候，他们就会进入下一个标准和课堂。

当学生没有取得足够的进步，组合里的教师就会一起讨论，明确现阶段学生的需要是什么，然后集中我们的资源满足他们的需要。我们也发现，直到家长们明白我们优先考虑的是满足他们孩子需要的时候，获得他们的支持和合作就会出奇的容易。为了孩子的成功，他们非常愿意与学校进行合作。

突破性的结果。在莱巴嫩，我们通过满足学生的需要获得了卓越。我们所有的学校有一个共同的标准，公平——用创新的方式和节约成本的方法满足学生的需要，并且用相应的步伐和节奏提供最有效的教学——成效开始显现出来。图7.1和图 7.2 显示的是过去六年里 8 所学校阅读方面的测试成绩。我们为了改进所做的努力的结果不仅仅达到了而且也超过了州的平均水平。我们开始的时候处于平均值之下,现在却成功地超出了这一水准。在阅读方面(图 7.1),我们从 52%的学生达到州标准升到六年后的 70%。在数学科目上(图 7.2),获得的进步依然是不可忽略的,但不太显著,因为我们在数学上的教学方法还没有经历那么大的改革。我们是先从阅读科目开始的,下一个目标就是数学。

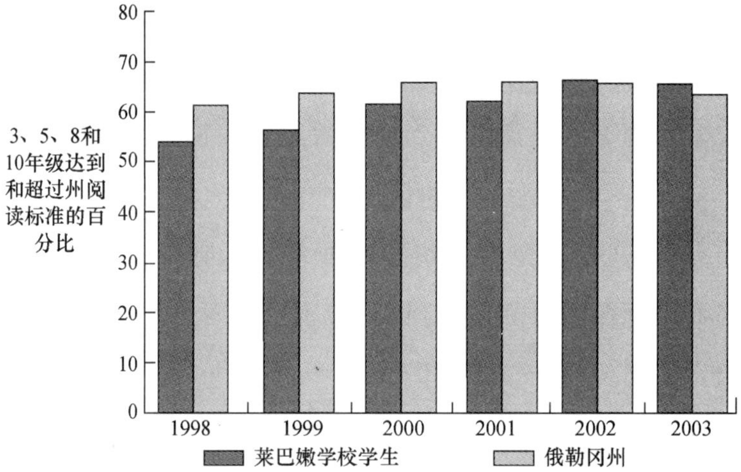

图 7.1　最近 6 年莱巴嫩社区学区阅读测验分数的改善

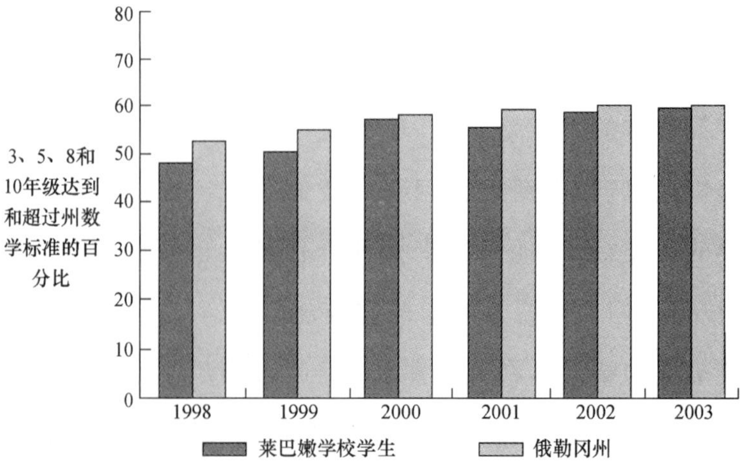

图 7.2　最近 6 年莱巴嫩社区学区数学测验分数的改善

我们获得的提高不只是局限于几所学校。图 7.1 和图 7.2 呈现的是六年来我们所有学校 3、5、8、10 年级被测学生的整体状况。尽管改进提高是一个复杂的学习过程，但是我们考虑通过学生成绩系统来抬升我们的期待值——当教师们发现了新方法来满足学生需要的时候，改进教学技巧在过去的 6 年里产生了巨大的影响。这一系统改进了教学，导致不同级别的持续性发展，而这是在学校改革中很少能够达到的目标，尽管面临着问责立法不断带来的压力。

如何转变到不断进步的模式是让人困惑的。我们依然处在吉姆·柯林斯(Jim Collins，2001)所谈的准备阶段。只有当我们一起见证了 90%的学生在中学阶段达到州的标准时，获得突破性成效的目标才会实现。我们目前大部分的学校 3 年级和 5 年级正好突破那个平均值，但是 8 年级和 10 年级依然需要先打基础。

优先权 2——签名学校：对卓越的追求

我们逐渐意识到，没有创新，获得突破性的成效是不可能的。为了促进创新，我们的主管人引进了“签名学校”(Signature Schools)的概念。吉姆博士很早就意识到这一点：为了迎接必要的适应性挑战来运行这个不断进步模式，他需要给每一个学校操作的自主权。只有通过这种自主权，重组才有可能。在第 8 章中，我会讨论在先锋学校实行的签名创新运动，这次运动使我们在资金不足、预算减少(效率)的时期里能够实现公平(满足学生需要)和追求卓越(成绩)之间的平衡。

签名学校被界定为成绩很好并实施启发式教学的创新型学校。期待值是成就，文化是吸引力，实现两者的手段是借助创新。莱巴嫩社区学区鼓励学校改革创新，其结果是为实验性的日程安排、课后的辅导计划、校内培训班和特别的时间表提供了一个平台。这一年，莱巴嫩 8 所学校实行创新的日程有四种不同的安排。时间的重组包含了学期和学期之间的短假期，这也是一种创新。在这一段时间里，部分学生要回到学校参加集中性的小组学习。有些授课重点是帮助那些还没达到标准的学生，他们可能会从有针对性的小组学习中受益颇丰。其他的授课重点放在活动充实上，为那些已经超过标准的学生提供拓展课程。

莱巴嫩中学接受了联邦政府提供的大量资助，重新组合成小型的学习社区，也接受了比尔和梅林达·盖茨基金会（Bill and Melinda Gates Foundation）的 100 万资助，用来进行创新型的改组工作。

课后活动班在我们小学也已启动，由受过阅读和数学教学培训的教学助手带领不同组别的孩子们进行补习，同时也实行不同的放学时间表，教师教授的对象是那些来自自己所教班级的还没达到标准的学生，教学以小组的方式进行。

在实行最新出版的《最好的培训手册》（*Sprague and Golly*，2003）提出的方案之后，莱巴嫩在全区内制订了一个行为修正方案，称之为“积极行为支持”（Positive Behavior Support，PBS）。行为修正方案在各所学校里营造了富有吸引力的环境。这是一个教（重教）所期望的学生行为的系统计划——承认（奖励）那些表现出所期望行为的学生，当不遵循公认行为时强制执行一致的结果。通过这种全区性的方法，我们学校见证了学生行为的显著提高。整个区内，被转诊的学生减少了一半。这样一种行为上的改进和这种模式的实施，使我们区成为全国和国际“积极行为支持”的示范点。仅在 2003—2004 学年，我们就接待了来自芬兰、挪威，还有美国其他几个州的代表团，考察“积极行为支持”方案的实际运作。

毫无疑问，这使我们的学校更值得信赖和更具吸引力，对学生的学习和完成任务的时间有直接的影响。

优先权3——有效的教学指导：专业发展与责任系统

埃尔莫尔和伯尼（Elmore and Burney，1999）阐明学校改进的最重要的因素是对教学的投资。他们声称：“学校改进就是关于教学的改进，教学的变革是一个漫长的、多阶段的过程。”（1999，266）。在莱巴嫩，我们赞同这一观点。认识到教学的重要性，我们开发了一个界定高质量教学的标准的系统——教师专业发展和责任系统（Professional Growth & Accountability，PGA）这一系统把教师内在成长的理念和对教师职业的外在问责融合起来。

这一系统的发展开始于1997年秋，用夏洛特·丹尼尔森（Charlotte Danielson，1996）的研究成果作为理论框架。三年间，由行政官员、教师和外来专家组成的研究小组创建了一个综合体系，描述了卓越教育看起来是什么样子，听起来是怎么样，感觉又是如何。尽管明确有质量的教学并不能保证有效的学习，但这一指南给行政官员和教师等在追求不断进步的过程中，明确了目标。

我们近来从eCOVE.net网址上发现一种技术手段，第一次把电脑的威力带到教室观察中来。eCOVE软件包含几十个可供师生使用的工具，方便了对学生和教师在教室里的行为进行数据驱动的观察。这个软件由威拉姆特大学（Willametter University）坦恩（Tenny，2004）的一位教育工作者在过去的20年里开发而成，它把对教师教学和学生学习的研究和每一种工具连接起来。我们计划用这个工具继续改进我们的专业发展和责任系统，帮助教师们继续完善他们的技能。

在我们的体系里，许多围绕教学的绩效考核和考察有助于教师持续地判断学生需要怎么做才能最大地优化学习效果。这样，很快就能确定哪些学生没有成功，从而可以相应地为他们提供所需要的资源。

结论

莱巴嫩的学生成绩系统是一种发展的、基于基层实践的结果。我们没有在其他什么地方或什么书上看到过这种系统。它是通过痛苦的创新才诞生的——一开始便是拒绝原有的现状。没有一条规定好了的质量之路，没有简单的办法来解决“三角张力”。然而，我们发现朝着高水准质量改进要从确定优先权和坚持优先权开始。我们也知道达到高水准质量对于每一所学校来说做法是不一样的，因为每一所学校都有各自不同的优势专业和弱点。因此，“签名学校”很重要。莱巴嫩例子最后一个优势就是高质量的教学指导。制度必须要创新，这样才能提高教学质量，这是学校改进最重要的因素。

讨论要点

1. 你所在学校和学区有哪些优先权？你能简单地说出它们的名称吗？那些优先权历经几年时间后是不是一直很稳定？

2. 你所在学校或学区创造了哪些优先权？对应于学生、家长、社区成员、学校员工、地区政府、你自己来说，分别有哪些是最重要的？

3. 如果你认定优先权是第一位的，它表现在什么地方？你又准备如何实施呢？

第八章　运用学校质量改进

招聘启事：现招聘一名神奇的工作者，他需要用比较少的资金做非常多的事情，并能安抚竞争对手，忍受长期的猜疑，容忍低水平的供给，处理大量的文件，并实行双班制工作(每年 75 个夜班)。他(她)将全权负责创新，但不能花费大量的资金，不能找人替换，也不能让顾客失望。

——罗伯特·埃文斯(Robert Evans，1995)

当地的校长将面对来自“三角张力”中最大的压力，就如我在访谈中所说的，全部压力来自于如何努力达到卓越、公平、效率。迈克尔·富兰说：“可能只有少数校长在他们道德目的深度的25%水平上开展工作……这个深度能提高，比如说，学生的阅读成绩。”(2003，41)

通过创新进行改进既是一种解放，也是一种恐惧。解放在于可以进行试验，寻找新的解决方案，以及创立项目提高学生的成绩，使学生善于学习。当意识到现状无法接受时是非常可怕的，有所改变是人们所期望看到的甚至是他们的需求。

先锋学校——我的故事

我曾经是莱巴嫩俄勒冈州先锋学校的校长，先锋学校是一个八年制学校，在城市与乡村结合处，拥有500名学生。我们有大量的免费生和减免学费的学生，在2004年3月，这类学生大概占全体学生的70％，在这个学区里，我们有最多比例的残疾学生。最近统计，我们学校15％的学生拥有某种个人教育计划（Individualized Education Plan，IEP）。同时，我们有最高比例的学生转学。去年，超过107名学生中途退学，还有100名学生在刚开学时就退学，这么高的流失率表明将近20％学生在9月将不会再返校了。教育者认为残疾学生、少数民族、穷人以及英语为第二语言的学生面临诸多教育困难，但是这些学生并没有出现因高缺勤率，或者是搬家等原因而常年不在学校的情况。

先锋学校是一所新学校，刚运行两年整。2000年春天，莱巴嫩社区委员会拨款新建了两所学校，更新了其余的学校，同时关闭了那些衰落的学校。这项资助在我们社区具有里程碑的意义，因为这是莱巴嫩五十多年以来第一次获得通过的资助项目。

构建难题

在2004年春天，学区课程委员会请我总结我校连续达标的项目，他们想要这个“难解之谜”的答案。在莱巴嫩的两所学校实施学生成效系统5年之后，我确实需要考虑这个问题。毫无疑问，我工作很努力，非常刻苦，每天都很繁忙。但是我如何展示出来？我是否需要把学校持续的进展以一种难题的方式来描述？在这个设计中，我进展的程度如何？这个难题已经完成了多少？

起初，我被这请求难住了。我并没有构建出一个难题，而且我无法定义我校在具体的问题上发生了什么。我并不喜欢隐喻。我认为在先锋学校的日子更像一种旅行，一个没有明确终点的旅途，我一直在不停地变换方向，为了让这辆“车”保持相同的增速和动量。我回到家也在考虑这个问题，不幸的是我的工作更像驾驶一辆不知终点的车而不是构建出一个蓄意的难题，这个问题开始困扰着我。

校长的大部分工作都是到处“灭火”，从一个危机到另一个危机，很少有休息的时间，一人独自午餐，回复留言邮件，打开一大堆电子邮件，或者（但愿不会如此）成为学校的一个执行领导，真正重要的工作通常放到了第二位，至少这些工作是具有诱惑力或吸引力的。“良好”是“精益求精”的敌人。因为一天大量的事务需要处理，我们根本没有能力涉及领导工作。我意识到没有时间去考虑领导工作是作为校长最沮丧的事情之一，正如我驾驶一辆没有刹车的车走在下坡的路上。我本应该构建一个难题，驾驶车辆只是管理，构建难题才是领导力。

难题是复杂的，需要时间去考虑如何构建。没有现成的方法去构建它，但是有一些指导方针可供参照，对刚起步的人来说，这些指导方针有助于他们进行顶层设计。最终的景象是什么呢？我脑海中的终点是什么呢？我准备建立什么样的系统？对于我来说，答案很简单——这是将学校质量提升框架运用到我校的良好机会。

根据学校质量提升框架，整个系统取决于满足学生的需求——保证最大可能的公平的机会。我的理论很简单：当个体的需求被满足后，群体才能获得成功。如今我有个机会去证明，当我以一种创新和有效的方式来满足这些需要时，先锋学校的难题构建将会完成。构建难题从边界开始，要做的第一件事是找到角落。我的宏伟目标是什么？在我看来需要得以满足的基础是什么？

我一直相信关系的力量，不仅仅是老师、学生和父母的关系，而是老师之间有意义的关系。教育者一直注重关系。罗兰·巴思

(Roland Barth)大胆断言:“对于学校质量、特点及学生成绩的影响而言,我一次又一次地从教职员工的关系中学到的东西比其他任何因素都要显著。”(2001,105)

底线:相互关系 很明显,我的难题基础必须是关系。为了促进关系的改善以及教师效率的提高,我们把有 500 个学生的学校划分成更小规模的学校区域,并取消铃声。这是我们曾经作出的最好的决定。铃声不再统治我们的学校,而这一简单的举措给予教师更多的自主权。教师,作为学习的领导者,现在正在指导这次改革。因为州标准被划分成各种学习基准(Benchmarks),所以我们根据基准的差异划分我们的学习团体:基准Ⅰ包括 1—3 年级,基准Ⅱ包括 4—5 年级,基准Ⅲ包括 6—8 年级。

通过不断的尝试,我们发现在满足学生需求方面,教师队伍超过 5 人以上的时候效率不高。理想的队伍人数是 3～5 人。少于 3 人则不能提供充分多样化的观点,而超过 5 人的话会削弱团队的力量,因为这样太耗时间,在管理、协议达成、观点分享、问题处理等方面都会变得复杂。最有效的教师团队是那些会自我组织、自己运行的队伍。当教师数量增加时,效率就降低。通过效率的力量使教师团队变得非常有效。需要为教师提供内在动机、所有权和认同感,这样才会成功。

在先锋学校,我们将所有教师分成 4 组:5 名教师在基准Ⅰ,4 名在基准Ⅱ,3 名在基准ⅢA,4 名在基准ⅣB。我们很惊讶地发现,这些团队的认同感和履职水平都提高了。他们分享课程、教学想法和有关帮助后进学生的策略。我们真正地经历了一直以来我们所直观了解的东西:集体比个人更善于解决问题。当谈到团队,整体效果大于部分效果的总和。

关系是中心问题。成效的差距由于关系的力量而缩短。研究明确表明，在和老师积极互动的前提下，有色人种以及贫困家庭的孩子能够学习更多知识(Cooper，2004)。当教师团队遇到有困难的孩子时，他们通过互相帮助建立起联系。一旦基于一个原理去讨论学生的需求时，他们就能够从同事中获得帮助以满足那些要求。

教学：时间及其使用

在教育上，成绩上升是教学质量提高的直接结果。埃尔莫尔和伯尼(Elmore and Burney，1999)，同许多专家一样，谈到提高学生学习时，认为教学质量是唯一的重要指标。教学技能高超的教师会通过不断的反省来思考如何提高自己的工作。改变是质量提升过程中必不可少的要素。

改变是潜在而复杂的。在《从优秀到卓越》(*From Good to Great*，2001)一书中，吉姆·柯林斯指出全美所有的公司正在进行从优秀到卓越的飞跃。根据吉姆·柯林斯的观点，成功改变的第一个因素是决定什么无须改变——你自己的特性——一旦这些决定后，你就有从优秀飞跃到卓越的机会，从优秀到卓越，需要很多努力，在学校里，提高教学质量正在进行，这一直是第一位的。

吉姆·柯林斯将“提高”比拟为一个巨大而笨重的飞轮。你要推很久才能转一圈，然后一圈接一圈，这是个形成的过程。动力主要来源于发挥自己的特性和飞轮多次地、不断地加快运转，然后到达突破点，这时就会取得巨大成功。因为动力丧失，大多数学校不能获得持续发展，这可能就需要领导方面的改变。通常而言，学校领导在同一个学区里停留不超过3年，突破性的成就无法在这么短的时间里取得。有时随着工作变得越来越难，毅力也会随之而消失。拥有优先领导权会让你度过这一困难时期。

教学可以用时间的形式来定义，有两方面的目标，一是提高教学质量，二是为学生增加教学时间。时间的使用在全美的学校都未被合理地应用。就如我们使用电脑，而不会再去挖掘自己的潜能。公共教育下一个突破在于不仅要为学生学习创造更多的时间，更重要的是要有效率地使用这些时间。

最近几年，教学质量改革早已进入议程，但大部分还没有开始实施。太多的事情需要我们去做，曾有个校长跟我说：“我并不是个关注数据的人。”然而，当谈到有效利用数据时，校长必须全权负责，否则创新方法无法应用于课堂上。只有我们已经熟练地使用数据，我们才会学习如何利用时间这种资源。通过适当地、持续地使用数据，教师可以学会如何高效利用课堂时间。我们早已淹没在数据之中，但是数据并没有为教学提供有效建议。学校改革下一个层面的工作是学习如何使用技术来有效挖掘藏在数据中的力量。

开启数据之门驱动教学决策是一种适应性挑战。罗恩·海费茨(Ron Heifetz,2004)把这种适应性挑战视为那些不能提供轻易解决方案的问题。换句话说，有两类问题：一些是可以通过知识和资源来解决的，另外一些是无法解决的。

我们用知识和资源解决技术问题。管理全部跟技术有关：处理事务，及时做完我们会做的事。对于大部分校长来说，一整天都充满着各种烦琐的管理，优秀的管理者会将这些琐事全部处理掉并让大家在这个过程中感受到快乐。对于全美公立学校来说，良好的管理不仅仅使你获得长期的合同，还会使你远离管理者的困境。

适应性挑战是那些超过我们知识和能力范围的问题。当涉及改善问题时，我们面临的大部分问题都是适应性挑战。适应性挑战之所以复杂是因为解决方案无法轻易被制定出来。领导力也和适应性挑战有关。大部分校长无法也没时间解决这类挑战，结果无法在学校进行全面可持续的质量提升。领导优先权意味着有勇气和毅力去挑战一个又一个适应性挑战。

很多增加教学时间的创新方法会降低效率，尽管在先锋学校执行的方法并不是第一个，我们对于每个适应性挑战都致力于增加教学时间而不占用更多的资源。先锋学校有关重新组织管理时间的创新，建构了我们学校的发展难题的上边界、左边界和右边界。

推进时间边界

先锋学校，在2002年秋天建立，是莱巴嫩最后3所八年制学校之一。学校里的老师和学生都来自周边关闭的小学校，员工既不是当局挑选的，也不是我自己挑选的。在我们学区重建之前，每个校长都有自己的办学模式或愿景，教师将会进入他们感兴趣的学校。

因为我们是新来的，我们拥有创建一种新文化的优势，而且我们创建的这种文化是基于满足学生需求的确定性方法。各式各样的员工带来更多新的想法和活力。学习如何协调活力以及把握决策方向需要领导力，这是一个适应性的挑战。这也是我最早意识到的，并告诉所有人都需要参与管理。这并不是新颖的想法：

> 若更多的教育者参与决策制定，学校目标实施过程中的士气就越强，参与度就越高，承诺执行的义务就越好。设想每一位教师都拥有学校的一部分组织权！当有更多的人引领时，学校将会成功。(Barth，2001，82)

当我通过分享领导权来解决适应性挑战时，我们会从各个地方得到很多绝妙的想法和方案。最终形成了三个大项目——课外项目、夏季学校、短假期日历——这些要在三年时间内完成。这些创新是在全国经费削减的情况下实现的。

课外项目 先锋学校的左边界是我们的课外项目。我们是一所拥有500名学生的学校，其中超过130人参加了这个项目。整个学年的各个系列课程将在下午2：15—3：00进行。在家长会上，教师会区分出哪些学生会受益于这个集中的、小范围的教学，并邀请他们参加此类课程，结果那些需要更多时间学习的孩子将会获得机会参加这类课程学习——每年超过100个学时。这类课程教学是豪华小课教学，教授的内容是关于学生需要在哪些方面获得成功。

课程和教材由Title Ⅰ和特殊教育教师开发，他们在一起商讨学生在每个学期该学什么。7小时的教学助理将工作到下午3：00，以小课形式组织教学。其结果是，不仅学生技巧提高了，教学助教也变成了更高效的教学者。有了共同的作息时间能够使全校教师更好地发挥团队合作。

我们的课外项目能够在不同水平上满足学生的需要。它不仅为我们系统中家庭最贫困的学生提供高质量、小团体的教学，也为教师提供计划、测评以及与同事协作的时间。在州测评期间，一些教师甚至利用这段时间为需要帮助的学生提供额外教学。这个项目也能提高助教的教学经验。助教教学经验的提高不仅有利于那些参与课程学习的学生，而且这些经验也适用于正常的学年课程。

高质量教学是提高学校水平的重要因素之一。高质量教学对于学生来说不仅仅是增加时间，也强调计划和测评。教学质量改善周期是计划、指导和测评。教师需要时间与团队伙伴有效地探讨计划。教学围绕着孩子，随之而来的是测评。测评有两类：学生自测和教学反馈。在过去的15年我们已经认识测评学生能做什么以及不能做什么的重要性。这些学习成果评估对于学生学习来说是必需的，和教师自评一样重要，我提倡让教师在教学上实行反馈，即关于他们的教学、交流及如何提高他们的教学。爱德华·戴明(1986)是现代质量运动建立者，他坚信自我修正和有意义反馈比任何大量密切监督更有提升价值。

夏季学校　我们难题的另一个部分是为急需帮助的基准Ⅰ学习团体的36名学生提供为期三周、每天上半天课的暑期课程。对这项工作的资助可以通过对调整Title Ⅰ教师的工作弹性，或者对这类老师进行补贴来完成。一些研究已经发现，在四年级前教会学生如何阅读非常重要。我们从1—3年级选出36名需要这方面帮助的学生，邀请他们参加15期的半天小课教学。我们发现这些学生通过3周的学习受益颇丰，然后他们将得到整个团队的指导。同时，通过聘请一些助理，每期的暑期课程将可以由一名成人负责6个学生，这是一个理想的小型团体教学模式。

短假期日历　短假期日历由本区的另一所学校开创，构成了我们最大的难题。我们转向短假期日历是因为其能灵活满足学生的需求。在我们这个学区的学生将会接受176天的教学。相对多的工作日保证我们能够轻易满足州对于每个年级规定的最少教学时间。在短假期日历中，所有的学生将得到172天的常规教学。学生同时还有机会参加为他们设计的一个短期课程，从而满足他们的需要。我们将员工分成3部分，以便一年有3次机会为学生提供短假期课程。一是学校开学前的一星期，二是春假后的一个星期，三是在6月学校放假后的一个星期。

每个短期培训都有不同的目的。8月的课程注重那些需要更多时间满足基准的学生，以帮助他们在开学时有一个质的飞跃。

在先锋学校，当学生准备好了以后，才会在电脑上参加州考，这会提供实时反馈和绩效测评。通过这种方式，就可以关注那些没有满足基线水平的学生。通过小班集中教学，为他们提供更多的时间以关注其所需要成长的方面。我们的 6 月短期培训是为需要额外挑战的学教学生而设计的。这种挑战以多种形式出现，包括体验式学习、动手活动，以及大团体中无法处理的问题解决型情景。我们也与那些未被要求参加 6 月课程但需要额外小课教学的同学一起工作。通常，一个学生在一个领域所需要的就是适当的举例教学、频繁的额外实践、指导，以及取得成功所需要的时间。通过我们的短假期课程，可以为学生提供这方面的时间。

更多的难题

学校提升质量是复杂的，也是必须要做的。如果一群人愿意担当领导角色，可以派遣任何一个人去解决问题，一直保持有人在工作，积极改变将会发生。这种提高的基础是关系。在努力满足学生需要时，我们利用时间边界创建了三种创新性系统，而无须额外的资金补助。这 3 个项目已经为那些需要帮助的同学提供超过 300 个小时的教学时间。因为，一学年的教学时间大概有 900 个小时，而我们在学年中建立了额外 1/3 的课程，且不需任何成本。

然而，我们都知道学习不仅仅靠时间，而在于如何使用时间，这个难题的核心部分便是如何使用时间。下一步学校提升在于时间的利用，有效利用、充分利用每一分钟。以下是我们如何有效利用时间来影响学生学习的几个案例。

· **新学生测评** 在开学前，我们将对学生的阅读、写作、数学等科目进行测试，这样我们就可以掌握学生的学习基础，帮他们选择适合他们的班级。

· **积极行为支持(PBS)**　这个系统的、全校范围的行为修正方案减轻了我们50%的工作，我们已经意识到学生需要在一个积极安全的环境中学习。PBS系统由俄勒冈大学研发，用以营造某种积极良好的环境(Sprague and Golly，2003)。这个项目注重三个部分：教学期待行为；通过有效的奖赏制度来加强某方面行为；当教学期待行为没有实现时，提供合乎逻辑的结果。支持PBS系统解决问题的空间，将会满足全体学生在学术和行为上的需要，这对有效工作是至关重要的。

· **服务学习**　所有的教室都会在学年内提供某种类型的服务学习。有些课程涉及若干个服务。我们坚信动手动脑的学习方式。当学生碰到现实问题时，他们学习的兴趣水平和参与程度都会提高。这给他们在单调的正规学校中提供了一个突破。在我们学校，我们从来没有也不会让高风险的测评压力阻止我们拥有一个强大的服务学习系统。

实际上，我们相信在服务学习项目上积极参与的学生都可以在标准测试中获得好成绩。因为他们在不同程度上更加喜爱学校。

· **成长报告卡**　我们设计此类卡片来表明一个学生所取得的成绩，以及如何达到所要求的标准。有了这个报告卡，学习会持续，时间变得更宝贵。当学生准备好，他们可以升入到下一个水平，而不受学年总学分的限制。结果，更多的学生进步得非常快，也包括那些需要更多时间来达到成功的人。这个卡片给他们的父母也提供了佐证，即他们的孩子能够在学校提升成绩的保证。

· **扩展社区志愿者项目**　我们已经得到大量志愿者的帮助。除了父母之外，还包括祖父母、高校实习教师和大学生。同时，本地教会也帮助我们招募志愿者。所有额外的帮助都能使孩子们得到数小时高质量的小班教学。在 2003—2004 学年，我们学校已经有 5600 个小时的志愿者服务时间。

· **朋辈监督** 学生经过训练后，可以帮助其他学生解决问题，寻找他们所关心的各个方面的解决方案。这项服务有助于锻炼学生如何解决他们自己的冲突，其效果比成人介入更有效。

· **朋辈助手** 在这个项目中，高年级学生经过训练后去操场帮助低年级学生。他们在低年级学生情绪低落时充当他们的朋友，并帮助大人们关注操场上的矛盾纠纷。

· **教室监管** 因为我们学校是八年制学校类型的学校，我们在课堂上为年长的学生创造各种机会充当助手或监管以帮助低龄学生。这个项目也像其余项目一样满足学生的需求。通常，当学生可以充当助手时他们很活跃。在我们一个四年级的课堂上，对于一个很绝望的女孩，唯一能激励她的机会是保证她在很好地完成作业后，在每天最后的 30 分钟去帮助二年级的学生。这个女孩的转变是惊人的。这类监管项目不仅有助于学生接受服务，而且更重要的是让他们充当领导角色去满足他人的需求。

· **在线测评** 每个学校都需要减少测试和评价的影响。我们已经将我们整个测试项目转移到俄勒冈州在线的技术评价增强系统（Technology Enhanced System of Assessment，TESA），这个系统不仅通过问题来评价学生的能力，同时为教师提供即时反馈，从而可以帮助教师随时改变教学。通常，在测评中这个系统为测试及增加其灵活性提供了多种因素。在先锋学校，我们再也不会有辛苦的、长达两星期的考试周。测试会在学年内一直进行。学生一直被测评，而教学会根据结果不断调整。在线测评系统有助于我们测评那些有学习障碍的学生，帮助我们知道他们到底能做什么，而不是因为糟糕的试卷分数而不管他们。

· **数学、阅读和写作的快速提升** 基于技术支持的数学、阅读和写作项目通过复兴学习(Renaissance Learning)能有效提供适合所有年级所有学生的差异化教学。由于这些项目对于学习来说是有力的激励因素,因此学生在空闲的时间里要求参加这些项目。学生能够根据自己的水平去学习数学,得到及时的反馈和指导。他们会阅读书籍,通过电子方式去检测他们的理解,他们会学习如何识别出什么是优秀的写作,并使用这类知识通过朋辈和老师的评价来提高他们的写作水平。

· **小班教学** 我相信学生在小班上学习的能力。无论是八年级学生在实验室里测试他们设计的空气动力汽车,还是一年级学生在助教帮助下进行小班阅读,我们对这些有效的教学分组评价很高。我们不仅仅讨论如何合作学习、共同学习或一对一学习,还讨论经过专业培训的教师和志愿者在小课教学或一对一教学的必要性。在先锋学校,我们优先考虑小班教学。

· **教师团队** 我非常强调那些能够满足学生需求的教师队伍的影响力和重要性。有效的教师团队不仅会分享他们的课程资源,而且他们参加会议,一起学习,相互挑战,想方设法接近学生。教学是很艰辛的职业。教师花费他们大部分的工作时间与那些具有好奇性的孩子进行互动并指导他们的学习。这是个费力的工作。当教师喜爱自己的团队,工作融洽,那么教学负担就会减轻,新的教学方式被发现后,孩子会最终受益。

结论

这章结构并不复杂,只是提供了一个我们在先锋学校如何使用时间来提高学生学习的案例。我相信任何一个学校都能达到这种有所突破的结果，而其中 90％的学生达到或超过州标准水平。先锋学校——一个高贫穷比例的、高流动率的、高学习障碍率的学校——两年内的改革，超过 90％的学生（2—8 年级）在阅读和数学成绩上超过了州的平均水平。两年前我根本没有想过有这种可能，现在我们已经发现满足个体需求是解决三重压力、取得卓越的关键。

讨论要点

1. 学校改革很复杂，没有千篇一律的解决方案，这要从判定学生的需求、满足他们的需求开始。这章内容是否为你学校满足学生需求提供了一些可行的方案？

2. 学校改革也是有目的的，它开始于优先权，坚持于优先权。通过任务管理，你的首要职务在多大程度上被支配？又有多大程度上是通过领导力追求而被支配的？两者之间适当的平衡点是什么？

3. 教学质量对于学校改革至关重要。基于教学时间和如何利用时间，你所在的学校是以什么方式有效地充分利用时间？时间是如何被浪费的？以及没有被充分利用？是否有合适的方式帮助教师调整教学方法来满足学生的需要？教学技术使用是否能更有效地满足学生的需要？

第九章　给校长的重组建议

由于变革是有目的(Collins,2001)和复杂的(Fullan,2004),因此在它启动时需要勇气,进展中需要投入。变革永远不会停止。引领学校沿着重组之路前进要从校长们作出决定时开始。富兰把这种担当说成是“校长们的道义责任”(2003,41),认为校长们肯定是那个引领深刻的文化变革的带头人,他们充分调动学生、教师和家长的积极性以提高全体学生的学习水平。吉姆·柯林斯的研究(2001)表明那些训练有素、能自我激励的人不需要别人督促,他们是一个组织作出重大改进的关键因素。在这种情况下,下面给校长们的建议——如果努力践行的话——将会推动学校围绕学生的需要进行重组改革。

这些建议是建立在有效的学校研究、优质学校研究、与校长们交流搜集到的合成数据,以及我自己的观点基础之上的。下面的建议不够详尽,但它的确可以为学校的改进提供绝好的出发点。

(1) 投资于师资建设。

(2) 全校强调客户服务。

(3) 提供优先领导权:决定、建立与有效传达愿景。

(4) 培养领导能力与合作精神。

(5) 强调通过关注数据驱动的结果而推动各方面持续改进。

(6) 从号令式管理转向引领式管理。

(7) 与中心办公室合作。

(8) 建立群体感和小班化。

(9) 构建并使用网络。

(10) 变外部张力为成长动力。

(11) 倾注希望,制造乐趣。

投资于师资建设

一个校长进行的最关键性的投资是培养合格的、有爱心的、讲奉献的教师。没有很好的教师,即使是最好的改革措施,也不能充分发挥这些措施的作用(Riley,1998)。优秀的教师会采用探究型的学习技巧,采取学生能进行高级思维的策略,使他们的方法适应自己的需要,在学生需要的基础之上对课程作出评价和修订(Van Tassel-Baska,1997)。当谈到通过满足公平的需要来达到卓越时,校长们反复地提到教师们要用差异性教学分别对待不同的学生。高素质的教师能够做到这一点。麦克尤恩(McEwan)提出的“高效教师的十个特征”(2002)是极其有价值的资源,它不仅仅有助于我们识别出杰出的教师,而且也有助于我们培养高素质教师队伍。

全校强调客户服务

沃尔玛有客服中心。当你上周买的DVD播放器发生了故障,想换一个新的,这时你可以去顾客服务台。在教育领域,学生及其家长和我们的关系,更像是客户的关系,而不是顾客的关系。在客户关系里,供应商首先要确立的就是客户的需要。一旦确定了,就要获取资源来满足客户的要求。当你在医生诊所看病时,你同样想期待得到诚实的诊断结果——即使是个坏消息。你的专业服务供应商需要被仔细对待,但是你也想知道面临的困难是什么。

不幸的是,在教育领域,我们通常像沃尔玛一样行事,然而我们做的实际上是医生的工作。根据兰福德和克利里(Langford and Cleary,1995)的观点,顾客是指那些接受一个体制提供的任何一种服务,但是在教育领域,这一概念需要修正。优秀的校长和校领导会确定客户的需要和期待,然后改变话题,从顾客关系转变为客户关系。优秀的学校不只是提供服务,他们会满足客户的需要,会拯救人类,会提供一个将来和一个希望,而以前没有这样做。构建学校系统是提供平等的手段,这样一种体制要满足学校客户的需要。如果他们确认客户的需要,并且找到方法来测评他们是否能够成功地满足这些需要,学校领导将会受益。

在对校长的访谈中,听取公众的看法是反复出现的主题。积极寻求公众意见并满足其需求,需要一种不同的智慧——重点从给公众提供信息转向从公众那里收集信息,知道他们需要的是什么,并且在那些信息的基础上作出决定。"消费者厌烦的是,他们被告知学校做了些什么,他们是多么伟大之类的话"(Bradley,1993,76)。公众需要一个机会说出他们认为重要的东西,他们需要机会用有意义的方式说出他们想说的话,以使他们关注的事能够被听取、被解决。

提供优先级领导:决定、建立与有效传达愿景

在学校改进过程中,确定目标是核心问题(Henley,1987),没有远见卓识,就没有办法确定有效目标。任何一个组织里,包括学校,领导的角色就是要整合所有资源,确保所有成员有组织认同

感，与学校的目标、志向和使命保持一致(Langford and Cleary, 1995)。这要靠确定优先权和坚持优先权来完成。吉姆·柯林斯(2001)声明，要成为一个伟大的公司，第一步就是要选定核心价值，认清你绝对不会改变的东西是改革之路上第一个里程碑。爱德华·戴明(1986)认为，提高质量的首要原则就是要决定你的愿景，在这个体制中所有的员工成为后盾，给予支持。

为将来建立一个愿景也意味着，学校领导不能从一个工作换到另一个工作，从一个学区转到另一个学区，以求攀登事业成功的阶梯。公仆式的领导会从长远利益考虑而坚守在一个地方(Fullan,2003)，在那段时期之内不断作出改进。对那些已经实行了有效的全校行为转变计划(Sprague and Golly,2003)的学校的研究表明，要花 3～5 年时间持续不断地努力才能改变学校的文化。

学校不是在短时间内才陷入目前这种状态的，短时间内也没办法改变。它需要进行长期的思考，提出长远的解决措施。如果领导层不愿给出这样一个承诺，那么年复一年地改变只是随着政治之风带来新的领导者。许多受访过的校长把他们的成功归结于这一事实：他们对学校作出了投入和承诺来提升那个地方的生产能力。由于效率的压力和提供公平获得卓越付出的代价，成功的企业已经学到了并且正在运用 21 世纪的管理哲学——你无法让所有人都满意(Treacy and Wiersema,1996)。你必须要确定什么是重要的，然后去兑现诺言。

培养领导能力与合作精神

在资源缩水的高压时代，有效管理的校长们正在用创新独特的方式来培训和寻求其他人的帮助和支持。一位受访的中学校长有一套精心设计的系统，有30多位加入的家长，每天主动汇报每一位逃课学生。另外一位校长寻求宗教社团的支持，请他们在午餐时间监管校园。还有一位校长创建了一个由志愿者参与的周密的阅读指导方案。

斯蒂芬·科维（Stephen Covey，1989）讨论了得力领导帮助那些与之合作的教师从依赖到独立再到互相依赖的重要性——正是通过相互依赖，教师们才具有学术权威而敢于独立行事，才会把组织最大利益放在心上。他们很大程度上和专业团队联系在一起，完成他们不能独立完成的事。高素质的教育的改革不能单单依靠管理人员。教师必须参与进来，必须与管理者并肩工作才能实现改革目标。在学校，团队做着最关键的工作：他们找到复杂问题的解决措施，找到改进的办法。

通过发展领导权和合作精神授权给教师完成了另外一个重要的任务：精简职权体系。根据布拉德利（Bradley，1993）的授权研究，当教师们获得授权的时候，他们增加了在构建层面决策的作用，他们会更多地参与解决问题，教师之间，以及教师和管理层之间，会有更多的合作。文化在本质上是专业性的。尽管授权在组织圈里是一个流行词汇，这是一个建立质量团队时的重要概念。不幸的是，许多人谈论授权时并不了解什么是授权或者需要什么样的知识和技能来实施授权。根据鲍利和哈蒙德（Bowles and Hammond）的观点，“授权意味着给员工他们需要的权利和信息，以便他们作出英明的决策，从而解决问题。”（1991，157）

成功取决于合作和目标之间的相互依存程度（Schmoker，1996）。目标给团队工作赋予意义。对学校的高期待值和强劲的成效无法通过单个教师孤立的工作而获得。

被授权的教师受到鼓舞，通过自我反省来检查他们自己的工作，通过回顾他们自己的课堂评估数据来改善教学。对管理者们来说，没必要告诉他们哪些地方做得不对。最终的结果是效率上的提高。只要有清晰的标准和有效的方法来测评学生朝这些标准所取得的进步，教师们就会感觉充满力量，并越来越有能力让学生达到那些标准。

强调通过关注数据驱动的结果而推动各方面持续改进

质量观念的核心是通过学习和自我反省而不断改进(Bonstingl,2001)。致力于自身学习的校长们会去上课、出席会议、参加培训。他们也从事与专业相关的阅读和写作。根据那些受访的校长们的观点，校长应该是大力支持教学的倡导者，把握最新的研究和最富实效的实践。评估标准为教师提供了一个问责制的框架。成功的校长会经常去教室进行辅导，帮助教师设计最好的操作办法以达到标准。

坚定明智的学校领导明白几乎没有不能被改进的工作表现，优秀教师会不断地寻求进步(Sullo,1997)。从访谈中很清楚地知道一件事，没有一个校长对现状感到满意。甚至那些获得了“示范性”成绩报告排名的校长在有关质量的讨论中也没有提及那一荣誉。在校长们眼里，心中的质量远远超过了一个成绩报告单评级体系——尽管他们用这个当作学区内的一个政治工具。质量和重要事务的不断改进是紧密相连的——为中学以后的成功生活提供一个良好的出发点，通过满足学生的教育需要激发他们学习的欲望。

成功的组织懂得质量的关键可以归纳为一个词——成效，包括短期的和长期的(Schmoker,1996)。那些把敏锐的目光放在成效上的校长们和校领导们会培养一种数据驱动的、成效导向的文化。可以用从所有渠道收集而来的数据来衡量进步、庆祝成功、凸显改进之处。测试数据应该不仅仅包括表现水准，而且包括考核其任期的业绩。业绩收获可以被当作是学校的附加价值，即使表现水准依然处在平均水平(Coleman,1995)。

不断进步的学校会收集和分析数量和质量数据，从而作出明智的决定。数量和数据有助于校长们提高教育产出的质量，关注由调查、访谈和观察途径收集的质量数据有助于校长们提高学生就读经历的质量。教育产出的质量和学生就读经历的质量并不是互相排斥的。一位校长说，他们经历过成功的足球赛季，整个学校产生连锁反应，产生了一种"能行"的态度，使得学生出勤率越来越高，学习欲望越来越强。当就读经历质量处于较高水平时，学生学习动机增强，教育产出的质量随之提高。

教育改革家洛林·门罗把 Harlem 中部的一个表现平平的学校改变成了一个被人们寄予厚望和学业成绩有很大提高的学校，她是通过强调教育产出和就读经历的质量而实现这一目标的。

> 我告诉学生学校的目的就是帮助他们见证他们目前所处的位置，而不是他们一直打算要去的地方。因此，在我们打算做阅读和数学的同时，我们也可以踢足球、打排球或学习剑术、美术、音乐、舞蹈和戏剧，以及去参观博物馆、去进行野外旅行。(Checkley 2004,71)

有效的学校领导能够用数据引领他们的学校向输出驱动系统迈进。输出驱动学校关注的是学生、家长和社区(包括更高一级教育系统)共同寻求通向成功的措施。这和管理者驱动学校系统大相径庭，管理者驱动学校系统依赖于主管者的认同。学校领导人通过把教学的压力、不断的支持，以及师生之间最大化的、积极的、促进的关系相互结合起来，就能培育出输出驱动型学校(Coleman et. al., 1997; Hoy, Sweetland and Smith, 2002)。

1977年，阿斯拜和罗巴克(Aspy and Roebuck)出版了《孩子们不愿意向他们不喜欢的人学习》(*Kids Don't Learn from People They Don't Like*)。这本书建立在卡尔·罗杰斯(Carl Rogers, 1957)的假设之上，罗杰斯在20世纪50年代假设，如果执教的教师(具有较高水平的理解、爱心、真诚和友好的教师)非常优秀，学生则会学得更多，表现得更好。阿斯拜和罗巴克通过全国各学校的一万名学生样本检测了罗杰斯的观点，得出了结论，并以结论作为他们的书名(McEwan, 2002)。

“学术压力”一词的概念在20世纪70年代得以发展。尽管它最初指的是学生、家长和社区要求学校实现既定的目标和价值的压力，但随着时间的流逝，它的意思逐渐变成了学校和教师教学行为标准的重要性(Shouse, 1997)。研究人员墨菲(Murphy et al., 1982)把“学术压力”看作是有效学校必要的副产品，声称这是不断增加的期待值和责任感，以及对学生学习成果负责过程中自然而然产生的结果。

为了最大限度地利用这些数据，受访的两位校长拥有校内团队，监控不断的数据分析质量，其力度比管理委员会要大得多。这些教师团队整个学年经常会有半天或全天的研讨会，和地区官员代表一起集体分析和回顾学校资料，以便为改进课堂和学校的行为做出更详细的计划。

从号令式管理转向引领式管理

对于学校质量保障来说，管理起着最关键的作用。格拉瑟

(Glasser,1992)认为领导方式有两种类型：号令式管理和引领式管理。号令式管理包含四个基本构成部分。第一，老板没有和员工经过协商便为员工确定任务和标准。第二，告知员工而不是向员工展示如何做这项工作，很少征求员工意见。第三，老板(或老板指派某人)进行检查或者评分。第四，当工人抵制时，老板使用强制手段来达到目标。

引领式管理则迥然不同。领导让员工们对要做的工作进行讨论，征求他们的意见。领导(或被指派者)展示或者示范工作应该怎么做，询问他们是否有更好的办法。然后领导请员工们进行检查，评价他们自己的工作。最后，领导向员工表明，为了使员工的工作更加便利，氛围更加轻松自由，他已经尽全力给他们提供了可能是最好的工具和工作场所(Glasser,1992)。

引领式管理者通过传达一种诱人的、美好的前景来激励合作(Crawford, Bodine and Hoglund,1993)。有许多面向21世纪的有效领导的文献，例如：康利和戈得曼在1994年文献，德·普雷的《无需权力的领导》(*Leading Without Power*,1997)和格兰利夫(Greenleaf)的《公仆式领导》(*Servant Leadership*,2002)。引领式管理者能倾注他的时间和精力来运行这个系统，以便员工能集中精力完成有质量的工作。

号令式管理的重心是尊重权威、被动行事、取悦领导。引领式管理的核心是生产有质量的产品，满足顾客的需要。引领式管理建立在对清晰目标的敬业精神基础之上。那些处在号令式管理之下的员工只是尽快完成任务以便尽早回家。

学校持续的变革和有效的重组来源于敬业的精神，而不是权威的威慑，领导是这个体制改革最主要的带头人。领导的目的应该是帮助人们更好地工作。引领式管理者不会评判他们的员工，不会对个体的表现划分等级。相反，当他们观察其他人时，他们会评判自己的表现，并判定还需要哪些努力来提升自己。这样，引领式管理者建立了自己的信誉，并鼓励每个人都能取得进步。他们也提供了一个环境，在这个环境里每一个人在工作中都有自豪感，都能相互帮助，发挥个人最大的潜能—— 所做的这一切始终与学校的目标保持一致(Crawford, Bodine and Hoglund,1993)。

在接受访谈的校长中，大部分都是引领式管理者，这就是为什么他们在平衡卓越、效率和公平价值观上获得成功的原因。当被问及有什么好建议给其他校长时，一个来自中型农村中学的校领导这样说道：“你需要在你的员工中建立一种自信，你与他们合作，他们不是为你工作——大家都在一起共同努力。”

与中心办公室合作

如果校长们想创建一个高质量学校的话，他们就必须与中心办公室合作。但这很容易陷入下面的陷阱：谴责地区办公室，把“中心地区”看作是不需要的官僚机构，这种论调在某些访谈中可以听到，但是由“有效学校中心”(the Center for Effective Schools)(Lezotte,1990)进行的研究表明，比起那些和地区办公室保持一致、接受他们的鼓励和支持的学校来说，绕过了中心办公室的学校改革所做的努力很少会取得成功。管理者积极的参与是学校改进有效性的一个显性指示器，地方教育董事会和社区的参与同样重要，但是没有比中心办公室更重要。受访的校长们表明他们和中心办公室有着密切的联系，特别是在他们谈到获得改革支持的时候。

建立群体感和小班化

建立学校群体感，是获得高质量经历的目标的重要部分。基于一项对357个中学进行的研究，布莱克和德里斯科尔(Bryk and Driscoll,1998)描述了从展示群体学校中发现的三个概念。第一，是要有一套关于学生应该学什么的核心理念，学校里的人应该怎么表现，学生可能变成哪类成人(终端产品)。第二，在有高水平群体的学校，教师和职员开展一些能够把所有成员彼此联系起来，也能和学校的使命联系起来的活动。第三，全校应形成这样一种校风：相互关爱，同舟共济。如果所有这些要素——共同理念、全校的活动和关怀的氛围——都有的话，学校就能被描绘成一个具有群体感的学校(Lehman,1993)。

校长们能够通过树立群体意识大大提高学生在学校获得体验的质量。这个目标可以通过活动、事件和项目把学校变成一个整体来实现，也可以通过培养一套核心的信仰和价值观来实现，学校的每一个人都会为了这种信仰和价值而努力，还可以通过职员在所有的交往中展现出来的关爱态度来实现。

许多大型高中和初中的规模，违背了研究所说的创建有效的学校最重要的部分——提供高水准的产品质量和经历质量(Gregory and Sweeney,1993；Sizer,1984；Gregory and Smith,1987；Howley and Harmon,2000)。在小学校，很容易确定学生的需要，这些需要可能没有许多可利用的资源来满足，但是这些需要更容易认清，因为关系更紧密。

大型学校的校长需要找到方法在他们的环境内创造小组团体，以使这种关系能达到最大化。许多受访的校长强调以下关系的重要性：与学校成功的关系，与获得卓越的关系，包括了解每个学生的名字。如果一个学校有500多个学生的话，那卓越很难实现。在规模小的学校，则更容易建立关系和群体。在大学校，发展小的学习群体是达到这个目标的另外一种方式。奥克兰的成功中学协会认为，在贫民区，贫困和学习成绩不佳的恶性循环可以通过小的学习群体来打破(Guthrie and Guthrie，1993)。联邦小型学校组织(Federal Small Schools Initiative)和比尔和梅林达·盖茨基金会(Bill and Melinda Gates foundation)目前强烈支持把大学校分成小学校，他们为那些合格的、又愿意转变成小学校的学校提供大量的资金来支持学校的改革创新。

然而，一位校长提到，在预算短缺之时，有合格的师资、课程设置的大型学校和学区获得资源的机会很多，但是小型学校和学区却没有。另外一位校长提到，小型学校要满足《不让一个孩子掉队》法案的需求是很困难的。因此，考虑到效率，校长们必须明白学校规模的度，并且要进行有效的管理。

构建并使用网络

校长们经常和其他学校领导人所分享的建议是，和其他校长们经常碰面交换想法和资源是非常重要的。他们主张，在没有日程安排的时候，校长们能从同行那儿学习怎么解决复杂的问题。改革家罗兰·巴思(Roland Barth，1996)也主张并且帮助校长们创建这种网络。许多校长们感到领导之间的集体智慧是一种可用的而未被开发的资源。为了建立网络支持，校长们明确表示希望和其他学校和地区建立伙伴关系。这种伙伴关系能有助于校长们始终关注对他们来说最重要的事情，用一位来自于大型郊区初中的响应者的话说就是："为孩子做正确的事情，不让其他人压迫你作出不符合学生最大利益的决定。"

变外部张力为成长动力

新政策带来了改革，改革产生了学校的压力，也给管理者带来了压力。这种压力，尽管通常是充满紧张感的，但是可以被用来改进和提高公立学校的卓越、公平和效率。当校长们接受这种压力并把它看作一种积极的改革推动因素的时候，他们就能帮助学校员工更快、更有效地适应变革。结果将是学校取得更大的改进和更有效的改革。

用一种积极的方式来应对这种压力要求为员工定位，朝着积极的目标前进，以使其在进展困难的时候不会丧失信心。如果校长们对于什么是质量有一套自己的看法，并且把这些看法传达给员工，那将有助于他们，在效率压力很大的时候，依然会坚持到底。下面是在我的访谈中听到的一些关于质量的定义：

> 每一个孩子都在用有意义的方式积极地追求学习成果，我会和那种群体站在一起。我坚定地相信家长的支持和群体的支持。我也相信高质量的教育反映在我的群体认为"我们是什么"的认识中。如果你走走看看，问一下人们对我们学校的看法，你将会得到一个满意的回答。
>
> ——大型郊区中学的校长

> 高质量的教育是一个可以让孩子对自身和取得的进步都感觉良好的教育。教师、家长和孩子在学校的学习群体中都有某种程度的自豪感。他们很高兴在那里上学。
>
> ——中型农村中学的校长

就我看来，高质量学校模式有许多可行性。它几乎满足了每一个走进这个校园的学生的需要。在《不让一个孩子掉队》法案中——我想它有很多伟大的宗旨——几乎每一个孩子都有个别化教育计划。没有孩子被落下。我们有课后辅导，有补习，我们允许学生参加多次考试。所有这些都是追求质量的措施。

——小型农村中学的校长

质量是一套完整的组合。不只是测试的分数。一个高质量的学校是人们想待的地方。

——中型农村中小学的校长

孩子们承担着学业任务，并在学习中找到意义。教师们同舟共济朝着高标准迈进，人们相互了解，团体内部有着良好的交流，家长也参与其中。有校领导的支持，有清晰的前景，有一起协作的心情。

——大型郊区中学的校长

倾注希望，制造乐趣

为了发展，学校领导者们必须鼓励选择，培养客户对他们方案的满意度。当今客户对教育的满意度由两方面组成：通过公平获得卓越，使用效率杠杆充分利用最有限的资源。做事高效的校长知道怎么在困难尴尬的局面当中倾注希望。“充满希望的领导在面对直接紧迫的问题的时候可能没那么惊慌……当进展艰难的时候，讨论和明确地表达希望能重新让教师充满能量，减少压力，并为他们指明新的方向”(Fullan，1998，11)。追求希望不是因为可以确保成功，而是因为值得为公共教育事业奋斗。

在访谈期间，当校长们谈到艰难时期公共教育的机会和效率时，我不止一次地感到惊讶。校长们是不同寻常的人，是朝着可能方向不断探索的人，甚至在资源不断减少的情况下，他们也不会考虑把减少学生作为选择方案。公共教育需要能提供希望的人，就像这位校长所表述的那样：

> 我们坚定地认为：他们会把我们摧毁到他们想要的程度，但我们没打算让孩子们感觉到太大的压力。毫无疑问，由于不断的预算缩减，我们的班级规模已经扩大，如果你查看一下今天的报纸，与人们原先的期待相比，财政亏空是巨大的，所以教育经费缩减还将继续，尽管如此，我们依然承诺会提供良好的教育。
>
> ——大型郊区中学的校长

为了让改进所做的努力能更具有效，更具可持续性，最后一个关键因素就是愉快地享受这一努力的过程。在着手处理艰巨的改革工作中，弗劳尔(Flower,1993)声称，人们需要创新的环境，有游戏和欢笑的元素，以便找到复杂问题的解决办法。

教师们需要找到工作当中的乐趣——特别是当他们从事艰巨的改革工作的时候。改革的意图需要大量的专注和付出。通过克服适应性挑战之路获得的长期的改进不是偶然发生的。要获得成功，必须持续地倾注关注、努力和精力。持续的关注让人心疲力竭。改革的复杂让人压力重重。教师们要远离心疲力竭、压力重重或者更糟的环境，如果他们有这种感觉的话，他们将会适时调整——只是为了生存。

爱德华·戴明(1986)，当今强调数据驱动决策的创建人，用了长达50多年的时间开创了质量和不断改进工作之路。然而，一项他关于成功原则的研究表明，他最主要的关注中心不在数据，而是员工在不断改进中所付出的艰辛努力中找到快乐的必要性。他坚持认为，创建一个没有恐惧的环境是管理的责任，以便员工在工作中能找到快乐。教师需要一个没有恐惧的环境，以便他们能带着快乐全身心地投入到有目的的、复杂的改进工作中去。我认为，只有通过这样的环境，学校才会取得突破性的成果，而这是我们都想得到的结果。

结论

别弄错了：当说到学校改进和有效改革的时候，培养校长是唯一最重要的因素。公共教育没有简单的修复方案。这里所呈现的指导方针被证明可以当作改进的原则，它们都是这个领域的校长们经过认真思考得出来的。系统地运用其中之一，都会产生积极的变化，向更好的方向发展。实施其中的几个会显著增强学校整体文化氛围。

讨论要点

1. 在提供的建议当中，你想看到你们学校能够实施哪一个建议？你准备怎么做？

2. 你对校长们有其他建议以便帮助他们处理好卓越、公平和效率的需求吗？

3. 你如何定义优质学校？

第十章　给政策制定者的建议

学校提升不仅是学校的任务，同时也需要得到那些制定政策来管理学校的人们的支持和帮助，即学校董事会成员、学区办公室人员、立法者以及政策制定者等。以下的建议是从访谈和当前研究中获得的资料的综合。这张列表不够详细，但它确实为一些人提供了一些有益的指导，这些人关心并从事复杂而又艰巨的任务，即通过有效政策的创新和支撑来重组我们的学校。

（1）继续支持外部标准的建立。

（2）采用提高教学质量的教师评价系统。

（3）建立鼓励学生和学校创新及承担风险的激励机制。

（4）确保持续了解学校领导、教师、家长和学生的需求。

（5）开发有效的州内评估工具。

（6）通过州内沟通论坛强化改革的接受性。

（7）致力于公共教育的重建。

继续支持外部标准的建立

相关研究的结论有力支持了外部标准和学生成绩之间的联系（Coleman et. al.，1997），即通过过去几十年的教育改革而建立的标准是有效的。我提到的校长都普遍支持外部标准的建立，没有多少人会辩称学校不应该有执行标准，而且校长们支持在阅读、写作和数学这些基本领域的由专家建立发展的外部标准。明确社区成员的义务，就像 K-12 公立教育一样，通过适当的进程确定年轻人需要知道什么，以及应该做什么。对于父母来说，借助多种方法来评估这些标准是否已经达成是非常重要的，对纳税人也同样重要(Schlechty，1997)。标准持续聚焦于阅读、写作和数学这些核心课程也相当重要。但执行标准变得越详细——需求 5 年级学生知晓各州的首府等——教育者走向强调知识记忆的危险性就越大，将可能影响引导学生去思考、推理、分析以及创新。州和学区的标准审查委员会是重要的，其任务就是保持标准的广阔来不断地改善标准。广泛的标准避免使课程变得有限或者狭窄。具体的标准使得开设的课程变窄，导致学区不再购买有关机构出版的新书(Kohn，1999)。

教科书驱动的学习对于大部分的孩子来说是令人厌烦的、没有挑战性的。能有效地满足学生需求的教师把教科书作为一种教学指导的资源，而不是作为教学指导的基础。一些优秀的教师根本不用教科书，他们宁愿花钱买一些有意义的资料以支持差异化和真实性，包括以项目为基础的指导书。聚焦于核心课程的广泛标准帮助当地的教育者，使他们有一系列可选择的课程，并发起了远离昂贵教科书，选择在线教学的运动。

虽然不是所有的校长都支持以达标、进程监控或者要求汇报为目的的立法，但他们都认为外部的、州制定的标准能够推动学校关注并改善课堂教学：

> 我认为我们需要州的指导。除了对执行州学术标准的方法之外，我没有任何其他的异议。从极小的学区到比较大的学区，它们是如此的不同并且实行的方法也不

相同，所以我觉得学区需要更多的灵活性。由于《不让一个孩子掉队》法案的颁布，不能误配资源以及员工的类型特质等原因，很多问题都要考虑，这些问题都非常困难，就像套索环绕着我们的脖子一样。

——中型农村高中的校长

采用提高教学质量的教师评价系统

需要建立教师评价系统，并且实施时应有较少的质量检查，把更多的质量责任放在教师身上(Bradley，1993)。在这种系统中，一个管理者将会成为一个资源者而不是监督者。任课教师应该分析学生的测试情况，然后研究学生们需要学习什么，而不是把学生的测试情况用作绩效奖或者是难以理解的成绩单。

糟糕的是，许多的改革，甚至是那些旨在提高教学质量的改革，在实施时都会产生意想不到的后果。《不让一个孩子掉队》法案的一个重要部分旨在执行质量指标，这使我想起一个例子——有一个校长提供了这样一个事实，即质量不一定能够被管理执行：

《不让一个孩子掉队》法案是一个重要的政策，我认为它能影响我们最重要的方面就是教师质量。在这种规模的学校，出现没有被安排任务的教师几乎是不可能的。随着裁减人员，我不知道你怎么不能在未指派教师的地方待上一段时间，除非你得到三四个人推荐的教师，接下来随着员工的减少，安排没有未指派的教师将是不可能的，这些对于小型学校来说将是灾难性的事件。

——中型农村高中的校长

在人们对教育期待和问责不断增长的社会环境下，对于素质较低的教师而言，既无法提高他们的技能，也很难发挥他们的作用，教师被迫对评估数据及其缺陷变得更加精通。从传统的纵向结构监督转变为更加水平化结构的监督，这一观点如果能够得到政策制定者的推崇和支持，那将有助于提高课堂教学质量(Germinario and Cram,1998)，因为水平化结构的监督聚焦于持续的成长和个人的提高。通过一个训练的模型而不是一个自上而下、以恐惧为基础的分级和员工评估，能使教师以最好状态进行持续的工作。当评估教师时，应考虑到全国范围的不同情况。通过帮助学区设计有效的评估系统，以支持持续的学习和成长，这样才能提高教育质量。

在莱巴嫩学区，一个教师和管理者组成的团队在为一个为期两年的合作设计一个教师评估系统，这个评估系统建立在夏洛特·丹尼尔森(Charlotte Danielson)的《加强专业训练》(*Enhancing Professional Practice*,1996)基础之上，强调经济增长和问责制(Lebanon Supervision and Evaluation Task Force,2001)。莱巴嫩的专业成长和问责手册通过给优秀教师提供有效的机会，从而提高教师的水平，通过确定问责层级支持那些辛勤工作的教师，便于他们能够完全发挥各自的潜能。

首先，通过像 eCOVE 这样的公司提供软件以进行课堂观察来支持连续的改善。eCOVE 软件公司提供了几十个关于教师和学生的观察工具，这些观察工具能够让评估者和同行教师追踪并处理大量的课堂数据，然后管理者和同行教师把这些东西用于提高绩效，其中被研究的数据是用于支持各观测工具。

每个学区评估各自的教师，这是管理者的基本工作之一。学校董事会以及学区办公室教育者能够把这种要求当作设计评估系统的机会，以此来反映对当前持续增长和改善的思维。许多学区徒劳地一直在用过时的评估系统，他们中的许多人等于浪费时间来提高学生的教学指标。如果你的社区在最近的十年里……关于标准、持续改善、智力研究（不确定）以及智能决策等的思考和最佳实践情况，它也许会运用一些改善措施。

建立鼓励学生和学校创新及承担风险的激励机制

尽管有一些校长不支持州或联邦问责系统（《不让一个孩子掉队》法案），但现实却是问责运动引起了对每一所公立学校进行质量基准的外部测试。借助测试的质量指标得出学生的出勤率以及辍学率。政策制定者还通过发展对学校及学区发展有意义的激励措施，从而帮助学校达到基础标准的教学指标。

我们的痛苦来自《不让一个孩子掉队》法案的通过。这些批准开始于学校的选择而结束于学校的实施，但是法律却忽略了积极的激励措施。席勒（Schiller，1997）认为，有效的激励系统能够让被测试的个体了解这个测试，把它作为一个目标努力做好，这都是重要的。同样，他们也必须把这个测试看成合法或者是公平的。这些都要求用国家授权测试去填补。在问责和激励机制不断强化的情况下，如果当地学校，学区伙伴和政策制定者密切配合的话，那么这些测试对学生和教师来说能够变得越来越有意义，越来越重要。

成功的学校通过改革创新的途径重新建构。这一过程的重点是必须明白学校的改善提高是学校内部的事情，学校改革是连续不断的过程而不是一些最终的结果。但是，大部分的改革活动以外在的激励变成内在的激励为起始，特别是学校改善过程中遇到的困难问题。通过最初的项目启动资金来激发改革的整体策略基于这样一个理论——外在激励是引起内在长期变化的一个有效的催化剂。没有现存的成功模式，连续的改善是复杂的，而且由于地区差异，对于能够完成什么以及不能够完成什么会有大的影响。

研究明确表明，如果没有创新方案的发展，优质学校就不会出现(Crawford, Bodine and Hoglund, 1993)。但是，许多校长陷入困境以至于不得不砍掉那些项目。在一所学校，抵制创新的文化已经从他们的过去的经验中产生：

> 创新者把大量的时间和精力花在了项目上，然后再从中把这些项目砍掉，像这样的经历产生了一种浪费时间和精力的感觉。如果你做得很好并一直在创新就会有一种被釜底抽薪的感觉，因为当地毯从你的下面拿走时，那是一种什么样的感觉？一旦那种情况发生了几次，那么教师是最不可能被招聘进来并执行创新的，这就需要真正的领导来帮助他们消除这种感觉。我们都读过这样一本革命性的书，即《谁动了我的奶酪》(*Who moved My Cheese*)，我们发现在试图移动奶酪时一直伴随着一种沮丧的心理。采取低调和不为人先的做法，可以节省时间和避免感到沮丧——很多时候实际上是第二个老鼠得到了这个奶酪。
>
> ——大型城市高中的校长

有时候为改变和实验而采用的激励措施会悬置一些规章制度(Wilson and Corcoran, 1988)。在目前的组织中，学区得到他们将要做项目的资金。通常，当这笔资金到达时，新的项目从来不被执行，其原因或许是提出的改革方案并不可行，或许是这笔钱被用来作为其他正在进行的项目的补充。

如果学区和学校可以得到他们内部发展的项目资金，那么他们将会因为得到了什么而受到奖励，而不是因承诺做什么。学区用这种方法可以得到当地对创新项目的支持，而不是联邦或者州对未经检测的项目给予资金。由于认可当地努力而给予的激励经费附带一个约定，即这些钱要用于改善和完善创新方案并把它推广到其他学区和学校。这样一种提升的观点将会促进创新。在当前竞争激烈的经费资助系统下，一些学区很少与其他学区分享想法和创新，因为那样会限制那些巨大资金的应用。

确保持续了解学校领导、教师、家长和学生的需求

当我询问一些学校领导者他们是否对政策制定者有所建议的时候，“前来参观学校”是经常重复听到的最多的一句话。夸张一点地说，校长偶尔感觉自己被教育政策制定者所代替，并且在预算紧缩的时候，那些感觉迅速变味。

> 愤怒。我认为将会有很多人对这个立法表示愤怒，同时伴随着沮丧。我认为有一些人将要离开教育事业，这里的人们也打算离开。这是一种失败主义的态度，并且是比以前更加普遍的那种。
>
> ——中型农村高中的校长
>
> 目前有许多感到沮丧的人，他们内心的愿望就是将尽他们最大的努力做好，但是摆在他们面前一个现实就是当他们一直在做的时候他们将无法做好。
>
> ——大型郊区高中的校长

在全国各地的学校系统中存在太多的隔离。每一个接受访谈的校长都强调了校长和政策制定者之间沟通和互动的需要。教育

是服务部门的一部分，学校领导者作为服务部门的成员，没有被要求生产产品，但是在为个人服务方面他们必须做出有意义的改变(Henley,1987)。

亨利(Henley,1987)一直认为在服务业中那不是最终的结果，是前进道路上的经历质量，仅仅是一个组成部分。家长已经有一种方法来判断他们孩子的学校的经历质量：

> 如果我们的孩子兴奋地谈论他们在课堂上解决的东西，如果他们不仅可以阅读而且可以单独地阅读，又或者如果他们坚持一直带着思想玩耍，并认真、深入地思考事情，那么他们就很可能进了一所优秀的学校。(Kohn,1999,200)

政策制定者不仅为学校的孩子们服务，而且也为家长、社区、教师和学校领导者服务。没有比亲自参观和访问来了解人们就读学校质量更好的方法了。改革家科恩明确地指出：“判断学校最好的办法就是访谈他们，并寻找学习的证据，以及学习中的兴趣……全面的观察一直是评估学校质量的最好办法。”(1999,201—202)。当政策制定者找到创新性的方式以保持接近他们，他们的决定将会更加满足其顾客的需要。运用这种方法，包括涉及学校的每一个人都可以有一个成功的经历质量。

开发有效的州内评估工具

政策制定者应该做任何他们可以做的事情以限制高风险评估产生的影响。许多州已经转变或者在转变的过程中，即使他们每年一度的评估方案从纸笔测验转变为计算机操作的评估。这是一个辉煌的过程，并且也值得投入资金进行改进。利用计算机技术

进行评估不仅可以根据提供的答案调整测验的难度，而且允许频繁的间断，最重要的是，教师可以获得关于评估中学生是如何进行的实时及即时信息，而不是学生暑假后要等待3～6个月。评估的真正目的是引导教学，计算机化评估使之成为可能。在俄勒冈州的TESA，以及西北学区实验室的MAPS都是这类评估。

关于学生和教师的重要决定应该以多个证据来源为基础，甚至测试界也不推荐只使用唯一标准来评估个人的学业成就(Meier,2000)。虽然对于学校领导来说，年复一年用来陈述改变的报告卡是令人沮丧的，但是当涉及学校评分的多个数据点以及政策制定者时，这些报告卡却是重要的；如果这些报告卡包括产品质量以及就读经历质量指标时，人们将会更好地了解到他们所在学校的质量状况；在多个评估数据来源的参数中，研究者卡罗琳·希尔兹(Carolyn Shields)认为："教育必须促进学术卓越，它不是简单地用标准化测验的分数来定义的，而是通过对一系列结果的高质量绩效指标来定义的。"(2004,39)

学区也可以通过激励机制鼓励去开发自己的并能够被当地的学校、家庭，以及社区支持的标准(Meier,2000)。对于学区来说，对照自己研发的标准，发现有效的成绩测量方法并传播到其他学区，同样也是富有意义的激励机制。交叉传播对于任何系统而言都是有益的，伴随着各州开发多种方法以鼓励学校和学区之间进行交叉传播，更大的发展和成功将会实现。

通过标准参照测验而不是常模参照测验，政策制定者可以改善州级别的评估系统。在标准参照测验中，给定的学生分数与具体标准的成绩进行比较。在常模参照测验中，取得成功对每一个人来说都是可能的。常模参照测验把一些学生与其他学生进行比较。当标准测验结果显示一个孩子处于第75个百分位时，这并不意味着他们回答的75％的问题是对的；它意味着参加测验的每100个学生，他们的分数高于他们中的74个人，同时低于他们中的25个人；许多父母不理解这些区别，对于父母来说，知道他们的孩子经过与其他学生比较后处于哪个级别也许会有帮助，但不讨论也不交流孩子实际上学到了什么。与客观标准相比较，知道孩子做得如何得好，对于父母尤其是教育者来说更加重要，由此可以调整教学指标。

政策制定者也应该鼓励各州去开发绩效评估。了解一个孩子实际上已经学到了什么知识的一个最有效的方法就是通过孩子的课堂教师给出的绩效评估（Kohn，1999）。在绩效评估中，学生通过阅读和答题、写作、演讲、教授一节课、展示一个项目，或者一些其他的学习表现来说明他们知道什么和能做什么。即使绩效评估比多项选择测验更费时，但是优秀的教师会经常地使用绩效评估以确定一个孩子的学习需求，然后相应地调整教学指标。

通过要求州级别上的各种测验，政策制定者可以鼓励地区使用绩效评估，他们比标准化测验更加昂贵，并且在每一年级级别上他们不应该被设定为全州范围，但是一些州已经开发了解学生写作和数学成绩基准的绩效评估（例如五年级、八年级和十年级）。

不管你认为标准化测验是好的、坏的或漠不关心，这种测试最重要的意义在于教师教授知识将会被测试，因为他们想要帮助他们的学生取得成功，并且他们想要这些能很好地代表，即能知道他们的学生在测验中做得如何。当各州实施绩效评估时，教师改变他们的做法，并把他们更多的指导时间用到真实的、引人入胜的活动中，这些活动要求更高水平的思考，以及要求他们的学生为这些评估做好准备。从20世纪90年代中期开始，俄勒冈州就已经对解决写作和数学问题的各个领域给出了绩效评估。即使在资源短缺的情况下，我们州也一直保持致力于使用这种绩效评估，原因就是它们可以提供比标准化测验更多的信息，并且我们也见证了这种策略不仅提高了学生的写作能力和对数学概念的理解能力，随着教师越来越多地使用绩效评估，教学指标也显著地改善了。

通过州内沟通论坛强化改革的接受性

当谈论到中学时，现状的情况令人困扰，甚至令人担忧，主流中学的运作在很大程度上如过去的40年一样，尽管增加了权益立法、卓越倡议、效率约束。许多人(其中包括我访谈过的校长)都认为该系统处于崩溃的边缘。尽管这样，卡内基单位仍然是该区域的核心，并且一个非标准化的分级课程的高中成绩单仍然是通向高等教育的路径。为了配合教师为中心的教学模式，学生仍然被均匀地分组，包括那些拒绝分组或无法分组的学生，在这种环境下可以成功地进入到一个替代教育环境的日益增加的网络中(Sagor，1999)。对政策制定者、大部分的人及学校工作者来说，这些不是新闻。与教育相关的大部分人都会赞同重组美国高中，并且这个需要从未如此的迫切——那就是为什么有如此多对改革的抵制。

罗伯特·默里·托马斯(Robert Murray Thomas，2002)应用了牛顿定律并发展了惯性理论，解释了在教育中为什么改革不能迅速发生，尤其是在中学。根据他的理论，改革阻力的数量和源头受各种条件的影响：成分质量、组织复杂性、时间周期、奖励、费用及沟通准确性，这些改革都能够产生重大的影响。换句话说，问题越大，执行起来就越困难，但是一旦开始实行，它能够利用它自己的生命，有时候会产生意想不到的结果。

我的研究表明，沟通准确性是一个主要的改革阻力。校长和政策制定者对卓越的看法存在巨大的分歧，即校长视卓越为一种潜在的成功，而政策制定者则把它看作一种所有人都可以取得的高标准。同样的，当讨论公平时也存在巨大的差异，校长的目标是实现机会均等，而政策制定者则强调公平对待。意识到这些差异的存在是一个重要的发现，因为这些基础性的差异形成了改革的阻力。

在我访谈的校长中，只有一位提到需要与州部门交流有关政策，这需要改变，沟通是双向的。当学校领导者联系各州部门以及法律制定者来分享他们的努力、成功和改善的建议时，随之实行政策和改革，那么他们将会体验到更多的成功。为了鼓励这样的沟通，政策制定者可以建立学校领导者的州内论坛，以促使当地政府和州政府更加有效的沟通；学校领导者需要出席并参与这些“改进论坛”，同时使之成为重中之重的头等大事件。开放的通信热线并不意味着学校领导和政策制定者将会一直持赞同的态度，但是它将会有助于架起两者之间理解差别的桥梁，这将会产生更多有效的政策，改革阻力则越来越少。

除了增加沟通的有效性以外，这些论坛也可以被用来帮助学校领导者把来自外部政策要求的压力视为学校改善的一个必需的和重要的因素。许多教育家反对运用政策施加改革的压力，但事实是若没有改革的必要，大部分的学校都不愿改革，因为改革是艰难的、艰苦的工作。但是，一旦他们经历了改革，大部分的人都能够看到其中的价值。改革是必要的，而且如果没有一定程度的改革，那么改善和提高将不会发生。通过适度地设计，这些论坛可以有助于校长学会接受来自于改革的压力而不是抵制它。

改善沟通也将会有助于校长理解为什么政策和改革的特性是持续的改变，以及怎样应对改革。不止一个校长对学校改革表示沮丧：

因此，政策制定者需要从每一个人中获得信息，并且为此他们已经做了一份完美工作，然后他们必须实施并坚持执行。当他们持续改变时，教师思维得到提高，“我们将会等待他们出来。”我已有这样一个艰难的时刻。如果你真的重视它，那么你就制订计划，然后去实施。

——大型郊区高中的校长

我认为一些州的改革努力设计配合课程的测验都是一些很好的尝试。在州中我们关于学生评估而进行的沟通已经产生了一些改变，但是我认为那也产生了一些消极的影响，在过去的10年中做出的一些糟糕的决定被视为自上而下的，要求一次又一次的改革。它造就了一个玩世不恭的人，“是的，我们已经听到了。”

——大型郊区高中的校长

我们需要提高的一个地方就是我们的出勤率。我们已经做得更好了，从83%提高到了87%，目前我们将要提高到90%，我们还要提高，直到达到顶端，今年我们很早就沟通的规则做了改变。因此尽管今年在所有的领域中进行了改善，我们也处在再一次满足的低水平上，因为内在政治动力驱使改变准则。这是学校改革丑陋的一面，并且使卓越的标准不断地改变，这也是令人非常沮丧的。

——大型郊区高中的校长

致力于公共教育的重建

控制理论指出，行为是内在的、有动机的，并旨在满足我们的基本需求(Glasser,1992)。例如,大部分的人会说学生停止讲话是因为教师要求他们保持沉默,但是控制理论则认为学生仅仅在他们认为他们教师的要求对他们有益的时候才会保持安静,否则他们将一直讲话。

控制理论不是起源于格拉瑟,它的缘起可以追溯到英国哲学家托马斯·霍布斯(Thomas Hobbes,1588—1679),他认为人类所有的行动都是以自我关注为基础(Hobbes,1998)。首先,人们做他们最感兴趣的事情,这一理念引导他主张建立一个国家或公民政府。因为人们将会做他们最感兴趣的事情,外部控制和政策对帮助人们作出正确选择,来阻止他们互相伤害是有必要的。

看看今天问责制的政策环境,根据霍布斯和格拉瑟的观点,它是吸引人的。通过霍布斯,我们知道了问责制为什么会存在,如果没有它们,人们不能确保教育者将会追求卓越。但是,格拉瑟的控制理论指出仅凭借外部政策的应用,将不会取得质量和卓越,对过去20年改革研究的优势显示,如果没有人们职责之上的内在的工作动机,那么重设结构,即全面的改变,将不会影响学校文化规范及产生质量(Kopczynski,2000)。如果教育者不能实现从服从到承诺的转变,就不能追求康利的“十项重组承诺”(Conley,1999)。

教育政策已经经历了更新和改革,但是还没进行重建。重建是内在的,并且一个学校仅仅通过重建才会提高质量。基于强制和顺从的政策将不会产生质量。质量在强制之外,强制是外在的基础,质量是内在的。

在一项有关美国高中的研究,李(Lee)和史密斯(Smith)发现了一个直接的联系即学术成就(卓越)和从事与学校重建运动相一致的实践的学校之间(Lee and Smith,2001)。换句话说,重建学校是更有效的:学生学习更多的知识并能够运用多种多样的方法来展示学习。他们也发现了重建的学校是一个更加公正的环境：他们学生的成绩得分因其家庭和社会阶层不同而导致的差异较少。

家长志愿者的利用，注重合作学习，组建跨学科的教师团队，提供关于数学和科学的混合能力班，提供教师共同的规划时间及灵活的上课时间，或者在几年内保持学生在同一学校上课，这些仅仅是重组学校使用的比较普遍的改革措施(Lee and Smith，2001)。根据李和史密斯的研究，在美国，并没有太多高中采用这样的措施，甚至是只有少数高中采用其中的几项措施。

即使部分员工付出再多的努力和辛勤工作也不能弥补设计不良的组织系统，这也正是我们公众教育今天面对的困境。员工仅仅可以在创建的系统里工作，但他们却不能够改变这个系统(Orsini，2000，210)。教师们处在一个系统中，这个系统是为满足大众效益而设计的，不是为个人需求设计的。

也许在 100 年前设计这个系统的时候，它对结构化年级水平和相应的课程有一个需求，但是，目前利用我们可以应用的技术，我们懂得了大脑是怎样发挥作用的及学习的重要性，并且我们不用再成为古老系统的奴隶；但是这从来没有为了满足所有学习者的需求而设计。

事实上仅有两种方法可以改变学校发生的事情，即支持模型和需求模型。从支持模型概念来看，教师、管理者、家长及社区的主要职责就是帮助学生按照他们自己的想法来感知世界。学校应成为一个引导和鼓励学生探索未知事物，构建意义，应用文字来表达思想的场所。当分配给学生鼓励性的又有价值的任务时，那么改变也会发生。他们不仅被期望对他们自己的学习负责，而且在做这些事情的时候也会给予积极的帮助(Kohn，1999)。在支持模型中，随着时间的推移，教师和学生本质上变得越来越积极地去学习和不断地完善。

大部分的改革努力来自于需求模型，其重点是支持外部规则和政策。从我收集的数据中可以发现，这些外部的努力在学校里可以产生积极的变化，如标准的应用。但是基于调查和研究，我认为凭借需求模型不会产生高水平的质量。重组超出了需求模型，它的重点在于支持，即学校领导怎样支持他们的师生在系统中产生有意义的改变，最终导致学校持续的改善和提高。

需求模型有很大不同，在需求模型中，教室之外的人们来决定并要求里面的人做什么；准确地告诉教师做什么，然后使他们对结果负责，这不是追求卓越的承诺，而是一个对过时的自上而下的控制模型的承诺，这个控制模型起源于泰勒的提高生产速度的“科学管理”方法；根据泰勒的信条，为了取得最大的效益，在任何教育活动开始之前，要提前设定好精确的标准。尽管商界已经淘汰了泰勒，但科恩(1999)指出当前大部分教育改革运动都是以泰勒的思想为基础；科恩认为在教育中测试分数的提高并不是对卓越的充分的、恰当的定义。我访谈过的校长们一致赞同并迅速指出鼓励重组的州政策并不总是用一种方法来实施。

> 州政策已经伤害了我们一点点，因为对于比较小的学校来说，它们并不符合现实情况。在一个大的学校里，你会拥有如此之多的支持和资源，而在一个小的学校里，你将不会拥有它们。这些使其变得更加困难。规定招生500个学生时，上面拨给500个学生的资源使用量，而事实招了1 700个学生，也就是1 700个学生使用原先500给学生的资源量，这样呈现的是两种完全不同的情况。我认为最理想的高中规模范围是700～1 000人，你会知道每一个人的名字，当你发现识别每一个人越来越困难

> 时，这说明你没有个人的接触，但是，当你的学校规模比较小的时候，你却没有所需要的资源和支持。因此，在你的学校规模比较小的时候，各州改革使保持学术优秀变得越来越困难。
>
> ——小型农村高中的校长

重组是必需的——对触及到个人的公平进行一次重新定义。全新的学生评价方式一定要优于高风险的学习测试，对于学生证明他们的学识而言，基于学生表现的评估仍然是最准确的方法，因此，学时并不重要，重要的是学生掌握多少知识。

甚至在 30 年前，为满足所有学生的需求，要求主流学校的结构和功能进行改变。但是，改变人们认为的一个成功系统的想法却从来没有被认真考虑过（Sagor，1999）。因此，公众教育工作者看到了替代那些在主流学校中没有取得成功的人们的数量的增加，但是，时间的推移已经模糊了许多人的观念，即公立学校做了充分的工作。

美国人口普查局做了一个超过 3,000 多家企业参加的调查，发现商界认为在学校和职场之间存在巨大的差距，而他们密切合作的目标并没有达成。雇主漠视应届毕业生的成绩以及学校评价；他们使用内部培训顾问而不是教育机构的顾问；企业避免雇用毕业生，这越来越远离学校职业的轨道（Caster，1995）。鉴于这类信息，增加学校经费，稍微提高成绩分数，以及还没有做好工作准备的学生，教育者以及类似的公众都已经开始准备重组了。

结论

对于重组之路没有明确的标记。重组过程是艰巨的、独特的旅程，它取决于需求、文化、地理位置、社区资源、员工及各校学生主体的组成。但是，沿途有路标，如果政策制定者可以坚决地支持，那么引导标记在重组学校系统中将会产生一个巨大的效果，能够在“三角张力”下幸存并继续朝着质量的方向前进。根据公平，卓越和效率的框架，我已经组织了这些指导方针。

公平：满足学生需求

(1) 以同等对待所有的学生来重新定义公平，即为每一个学生提供他们的需求——尤其是机遇。

(2) 研究并开发实际有效的方法来测量和确定学生智力、学习方式及学生的需求。

(3) 远离卡耐基学分，持续不断地迫使组织系统走向分数、有限课程、教师的直接指示，以及和个人学习需求及方式的绩效评估系统。重组学生学习的多种方法及不同的效率，教学指标需要以学习为中心，以绩效为基础。

卓越：有关成绩（学习）的潜能

(1) 为学生提供参加成绩测验的机会，以及在学术领域通过这些成绩测验决定的小团体教学指标。确保成绩测验不是衡量学生和学校绩效的唯一方法，就像说明卓越一样，开发多种方法去测量产品质量和经历质量。

(2) 采用注重结果的方式，尤其是那些与学生的表现相联系的方式。这样的方式直接影响产品的质量。

(3) 通过服务学习，即为学生提供积极的学术学习，以及把重点放在学校和工作之间的转换，从而增强学校和社区之间的联系；提供艺术、音乐、技术及物理教育领域的体验，使课堂学习变得更加有意义，并使学生参与其中，提高他们的经历质量。

效率：最大化利用时间、经费、员工和资源，满足学生需求

(1) 鼓励学校和学区领导要对重组负有责任，不要把缺少资源作为一个借口；同时必须有组织地进行学习以发现其隐藏的效率，并嵌入学校持续改进的方法(Karathanos，1999)；有关资金、责备别人以及等待政府部门的借口都是不能接受的；事实上，有力的领导者学习和应用质量管理方针，这意味着依据测量、信息、数据和分析做出决定。应用这些方针将会使组织持续地朝着如何提高资源应用的方向发展。

(2) 研究方法使用技术手段传递、评估以及提供指导，但我们还没有一种作为教育资源的巨大潜在技术。

(3) 通过认可和州级别的支持，用激励措施奖励效率高的学区；关于效率的许多改革创新可以很容易地应用到其他学区和学校；如果鼓励学校分享如何提高效率的经验成就，那么每个学校都将会受益。

讨论要点

1. 为了改善学校，政策制定者能够采取的最重要的单一的措施是什么？为什么？

2. “三角张力”是怎样阻止学校进行改善的？

3. “三角张力”又是怎样促进学校改善的？

4. 当在“三角张力”下幸存时，讨论确定优先事项的价值。

参考文献

Aspy, D. N. , and F. N. Roebuck. 1977. Kids don't learn from people they don't like. Amherst, MA: Human Resource Development Press.

Barth, R. 1996. The principal learner: A work in progress. Cambridge, MA: Geraldine R. Dodge Foundation.

——. 2001. Learning by heart. San Francisco: Jossey-Bass.

Berne, R. , and L. Stiefel. 1984. The measurement of equity in school finance: Conceptual, methodological and empirical dimensions. London :John Hopkins University Press.

Bonstingl, J. J. 2001. Schools of quality. 3rd ed. Thousand Oaks, CA: Corwin Press. Bowles, J , and J. Hammond 1991 Beyond quality: How 50 winning companies use continuous improvement. New York: Putnam.

Boyd, W. L. , and C. T. Kerchner. 1988. The politics of excellence and choice in education. New York: Falmer Press.

Bracey, G. W. 1994. Transforming America's schools: An Rx for getting past blame. Arlinton, VA: AASA Publications.

——. 2003. The end of childhood and the destruction of public Schools. Portsmouth, NH; Heinemann.

Bradley, L. H. 1993. Total quality management for schools. Lancaster, PA: Technomic Publishing Company.

Brown-Hedrick, K. 2002—2003. Comprehensive school reform: How can schools afford it? National Forum of Educational Administration and Supervision Journal 19(3):20-30.

Bryk, A., and M. Dricoll. 1988. The school as community: Contextual influences, and consequences for students and teacher. Madison, WI: National Center on Effective Secondary Schools.

Caldwell, B. J., and J. M. Spinks. 1998. Beyond the. self-managing school. Philadelphia: Falmer Press.

Carlson, R. V. 1996. Reframing & reform: Perspective on organization, leadership, and school change. White Plains, NY: Longmnan Publishers.

Caster, D. 1995. Letter from the editor. QED News 2 (2):2.

Chase, B. (2000). Making a difference, in Will standards save public education? ed. J. Cohen and J. Rogers. Boston: Beacon Press.

Checkley, K. 2004. A is for audacity: Lessons in leadership from Lorraine Monroe. Educational Leadership 61 (7):70-72.

Clegg, A. J. 2000. Market-driven education. In Restructuring education: Innovations and evaluations of alternative systems, ed. S. Hakim, D. J. Ryan, and J. C. Stull, 183-95. Westport, CT: Praeger.

Clinchy, E. 1992. Public schools of choice: School reform in the desegregating urban districts of Massachusetts. In Restructuring the schools: Problems and prospects, ed. J. J. Lane and E. G. Epps, 165-85. Berkeley. CA: McCutchan Publishing.

Cohen, D. K., and P. Neufeld. 1981. The failure of high schools and the progress of education. Daedalus 110: 69-90.

Coleman, J. S. 1995. Achievement-oriented school design. In Restructuring schools: Promising practices and policies, ed. Maureen T. Hallinan, 11-28. New York: Plenum Press.

Coleman, J. S., et al. 1966. Equality of educational opportunity. Washington, DC: U. S. Government Printing Office.

——. (1997). Redesigning American education. Boulder, CO: Westview Press. Collins, J. 2001. From good to great: why some companies make the leap-and others don't. New York: Harper Press.

Conley, D. T. 1999. Roadmap to restructuring: Charting the course of change in American education. 2nd ed.. University of Oregon: ERIC Clearinghouse on Educational Management.

Conley, D. T., and P. Goldman. 1994. Facilitative leadership: How principals lead without dominating. Eugene. OR: Oregon School Study Council Cookson, P. W. 1994. School choice: The struggle for the soul of American education. New Haven, CT: Yale University Press.

Coombs, P. H., and J. Hallak. 1972. Managing educational costs. NEW York: Oxford University Press.

Cooper, L. 2004, February. Using data to ask the right questions: Addressing the achievement gap with data. Presented at a meeting of the American Association of School Administrators. San Francisco, CA.

Covey, S. R. 1989. The seven habits of highly effective people: Powerful lessons in personal change. New York : Simon & Schuster/Fireside Books.

Cramer, S. R. 1996. Assumptions central to the quality movement in education. Clearing House 69(6): 360-65.

Crawford, D. K., R. J. Bodine. and R. G. Hoglund. 1993. The school for quality learning: Managing the school and classroom the Deming way. Champaign. IL: Research Press.

Cunningham. L. L. (1972). Accountability: Watchword for the '70s. In Accountability in American education. Ed. F. J. Sciara and R. K. Jantz Boston: Allyn & Bacon.

Danielson, C. 1996. Enhancing professional practice: A framework for teaching Virgina: ASCD.

Darling-Hammond, L. 1997. The right to learn: A blueprint for creating schools that work. San Francisco:Jossey-Bass.

De Pree, M. 1997. Leading without power: Finding hope in serving community. Holland. MI:Shepherd Foundation.

Deming, W. E. 1986. Out of the crisis, Cambridge: Massachusetts Institute of Technology.

Dickson, K. 2002. September. Understanding the federal reauthorization of Title Services. Presented at the Title I conference by the Oregon Department of Education. Salem. OR.

Edmonds. ,R. 1979. Some schools work and more can. Social Policy 9: 28-32.

Edwards, C. H., and A. E. Wallace. 1993. More on A Nation at Risk: Have the recommendations been implemented? Clearing house 67(2):85-88.

Elmore, R. F., and D. Burney. 1999. Teaching as the 1earning profession. In Hand- book of Policy and Practice, ed. L. Darling-Hammond and G. Sykes, 266-71.

Evans. , R. 1995. April 12. Getting real about leadership. Education Week.

Firestone, W. A., M. E. Goertz, and G. Natriello. 1997. From Cashbox to Classroom: The struggle for fiscal reform and educational change in New Jersey. New York: Teachers College Press.

Flanagan, J. C. 1954. The critical incident technique. Psychological Bulletin 51 (4):327-58.

Ford. D. Y., and D. A. Harmon. 2001. Equity and excellence: Providing access to gifted education for culturally diverse students. Journal of Secondary Gifted Education 12(3):141-48.

Fowler, F. C. 2000. Policy studies for educational leaders: An introduction. Upper Saddle River, NJ: Prentice-Hall.

Friedman, M. 1962. Capitalism and freedom. Chicago: University of Chicago Press.

Fuhrman, S. H. 1999. The new accountability. Washington, DC: U. S. Department of Education.

Fullan, M. 1998. Leadership for the 21st century: Breaking the bonds of dependency. Educational Leadership 55(7):6-11.

——. 2003. The moral imperative of school leadership. Thousand Oaks, CA: Corwin.

——2004, February. Leading in a culture of change. Presented at the meeting of the American Association of School Administrators, San Francisco, CA.

Gardner, H. (1983). Frames of mind: The theory of multiple intelligences. New York: Basic Books.

Gardner, J. 1961. Excellence: Can we be equal and excellent too? New York: Harper.

Gardner W. E. 1984. A nation at risk: Some critical comments. Journal of Teacher Education:35(1): 13-15.

Germinario, V., and H. Cram. 1. 998. Change for public education: Practical approaches for the 21st century. Lancaster PA: Technomic Publishing.

Gibson, A., and S. Asthana. 1998. School performance, school effectiveness and the 1997 white paper excellence in education. Oxford Review of Education 24(2): 195-211.

Glasser, W. 1992. The quality school: Managing students without coercion. New York: Harper & Row.

Greenleaf, R. K. 2002. Servant leadership: A journey into the nature of legitimate power an(l greatness. Mahwah, NJ: Paulist Press.

Gregory, T. B., and G. R. Smith. 1987. High schools as communities: The small school reconsidered. Bloomington, IN: Phi Delta Kappan.

Gregory, T. B., and M. E. Sweeney. 1993. Building a community by involving students in the governance of the school. In Public schools that work: Creating community, ed. G. A.

Smith, 101-28. New York: Routledge.

Gross, M. U. M. 1989. The pursuit of excellence or the search for intimacy? The forced-choice dilemma of gifted youth. Roeper Review 11(4):189-94.

Guthrie, L. F., and G. P. Guthrie. 1993. Linking classrooms and communities: The health and media academies in Oakland. In Public schools that work: Creating community, ed. G. A. Smith, 155-77. New York: Routledge.

Hanushek, E. A., et al. 1994. Making schools work: improving performance and controlling costs. Washington, DC: The Brookings Institution.

Heifetz, R. 2004, February. Adaptive leadership. Presented at the meeting of the American Association of School Administrators, San Francisco, CA.

Heimann, B. A., and J. Sikula. 2001—2002. How can organizational development principles be used to improve schooling? National Forum of Educational Administration and Supervision Journal 19(1):5-9.

Helbowitsh, P. S. 1990. Playing power politics: How "A Nation at Risk" achieved its national stature. Journal of Research Development in Education 2:3(2) :82-88.

Henley, M. 1987. School improvement policies: A response From the UK perspective. In Improving the quality of schooling: Lessons from the OECD international school improvement project, ed. D. Hopkins. New York: Falmer Press.

Hobblers, T. 1998. On the citizen: Thomas Hobbes. Ed. R.

Tuck and M. Silverthorne. New York: Cambridge University.

Howley, C. B., and H. L. Harmon. 2000. Small high schools that flourish: Rural context, case studies, and resources. Washington, DC: U.S. Department of Education.

Hoy, W.K., S. R. Sweetland, and P. A. Smith. 2002. Toward an organizational model of achievement in high schools: the significance of collective efficacy. Educational Administration Quarterly 38(1):77-93.

Johns, R., E. L. Morphet, and K. Alexander. 1983. The economics and financing of education. 4th ed. Englewood Cliffs, NJ: Prentice-Hall.

Johnson, j. 2004. What school leaders want. Educational Leadership 61(7):24-27.

Karathanos, D. 1999. Quality: Is education keeping pace with business? Journal of Education for Business 74(4):231-36.

Kelleher. J. 2000. Developing rigorous standards in Massachusetts. In Coping with standards, tests, and accountability: Voices from the classroom, ed. A. A. Glatthorn and J. Fontana. Washington, DC: National Education Association.

Kohn, A. 1999. The schools our children deserve: moving beyond traditional classrooms and "tougher standards." Boston: Houghton Mifflin.

Kopczynski. M. 2000. Restructuring schools through school-based manage-merit: Experiences and insights from 12 districts, in Restructuring education:

Innovations and evaluations of alternative systems, ed. Simon Hakim, Daniel. J. Ryan, and Judith. C. Stull. New York: Praeger.

Kozol,. J. 1991. Savage inequalities: Children in America's schools. New York: Crown Publishing.

Lampman, R. J. 1977. Concepts of equity in the design schemes for income distribution. In Equity, income, policy: comparative studies in three worlds of development, ed. I. L. Horowitz. New York: Praeger.

LangFord, D. P., and B. A. Cleary. 1995. Orchestrating learning with quality. Milwaukee, WI: Quality Press.

Lankford, H., and J. Wyckoff. 1995. Where has the money gone? An analysis of school district spending in New York. Educational evaluation and Policy Analysis 17: 195-218.

Lashway, L. 1999. accountabibility. In National Association of Elementary School Principals. Eugene, OR: ERIC Clearinghouse on Educational Management.

Lebanon Supervision and Evaluation Task Force. 2001. Professional growth and accountability: Program manual and resource guide for 21st century supervision and evaluation for licensed teaching professionals. Lebanon, OR: Lebanon Community School District.

Lee, V. E., and j. B. Smith. 2001. Restructuring high schools for equity and excellence: What works. New York: Teachers College Press.

Lehman, D. 1993. Building community as an alternative secondary school. In Public schools that work: Creating community, ed. G. A. Smith, 86-99. New York: Routledge.

Lezotte, L. W. 1990. Lessons learned. In Case studies in effective schools research, ed. B. O. Taylor , 195-99. Madison, WI: National Center for Effective Schools.

Lim, L. , and J. Tan. 1999. The marketization of education in Singapore:

Prospects for inclusive education. International Journal of Inclusive Education 3(4).

Lloyd, C. 2000. Excellence for all children false promises! The failure of current policy for inclusive education and implications for schooling in the 21st century. International Journal of Inclusive Education 4(2).

Lucas, J. R. 1997. Against equality. In Equality: Selected readings, ed. L. P. Pojman and R. Westmoreland, 104-12. New York: Oxford University Press.

Lunenburg, F. C. 1992. The current educational reform movement. Education & Urban Society 25(1):3-1 8. McEwan, E. 2002. Ten traits of highly effective teachers: How to hire, coach, and mentor success ful teachers. Thousand Oaks, CA: Corwin.

Meier, D. 2000. Educating a democracy. In Will standards save public education? ed. J. Cohen and J. Rogers. Boston: Beacon Press.

Monk, D. H. 1990. Educational finance: Aim economic approach. New York: McGraw-Hill.

Morgan, M. I. , A. A. Cohen, and H. Hershkoff. 1995.

Establishing educational program inadequacy：The Alabama example. University of Michigan Journal of Law Reform 28：559-98.

Morris，J. E. 1972. Accountability：Watchword for the'70s. In Accountability in American education，ed. F. J. Sciara and R. K. Jantz. Boston：Allyn &Bacon.

Mort，P. R.，W. C. Reusser，and J. W：Polley. 1960. Public school finance. New York：McGraw-Hill.

Moses，M. C. 1990. The peakperforrnanceschool. New York：J. L. Wilkerson Publishing.

Murgatroyd，S.，and C. Morgan. 1993. Total quality management and the school. Philadelphia：Open University Press.

Murnane，R. J. 2000. The case for standards. In Will standards save public education? ed. J. Cohen and J. Rogers. Boston：Beacon Press.

Murphy，J. F.，M. Weil，P. Hallinger，and A. Mitman. 1982 Academic press：Translating high expectations into school policies and classroom practices. Educational Leadership 40：22-26.

National Commission on Excellence in Education. 1983. A nation. at risk：The imperative for educational reform：A report to the Nation and the Secretary of Education. Washington，DC：U. S. Department of Education.

National Joint Committee on Learning Disabilities. 1991. School reform：Opportunities for excellence and equity for individuals with learning disabilities. Journal of Learning Disabilities 25

(5):276-80.

Natriello,G. ,E. L. McDill, and A. M. Pallas 1990. Schooling disadvantaged children: Racing against catastrophe. New York: Teachers College Press.

Odden, A. R. , D. Monk, Y. Nakib, and L. O. Picus. 1995. The story of education dollar. No academy awards and no fiscal smoking guns. Phi Delta Kappan 77:161-68.

Okun, A. 1975. Equality and efficiency: The big trade-off. Washington, DC:Brookings Institution.

Orsini,J. N. 2000. Troubleshooting your activities for excellence. Total Quality Management 11(2):207-11.

Patterson,O. 1978. Inequality, freedom and the equal opportunity doctrine. In Equality and social policy, ed. W. Feinberg. Chicago: University of Illinois Press,Porter, A. 1994. National equity and school autonomy. Educational Policy 8(4):489-501.

Reeves, D. M. 2000. Accountability in action: A blueprint for leaning organizations. Denver: Center for Performance Assessment.

Riley, R. W. 1998. 0ur teachers should be excellent and they should look like America. Education and Urban Society 31 (1):322-29.

Roeper, A. 1996. A personal statement of philosophy of George & Annemarie Roeper. Review 19(1):18-19.

Rogers, C. 1957. The necessary and sufficient conditions of therapeutic personality change. Journal of Consulting Psychology 21(1):95-10.

Rosenholtz, S. (1989). Teachers′workplace: The social organization of schools. White Plains, NY: Longman.

Rowan, B. 1990. Commitment and control: Alternative strategies for the organizational design of schools. In Review of research in education, ed. C. B. Cazden, 353-92. Washington, DC: AREA.

Sagor, R. 1999. Equity and excellence in public schools: The role of the alternative school. Clearing House 73(2):72-76.

Schenkat, R. 1993. Quality connections: Transforming schools through total quality management. Alexandria, VA: Association for Supervision and Curriculum Development.

Schiller, K. S. 1997 External examinations as an incentive system. In Redesigning American education, 119-45. Boulder, CO: West view Press.

Schlechty, P. C. 1997. Inventing better schools: An action plan for educational reform. San Francisco: Jossey-Bass.

Schmoker, M. 1996. Results: Thekey to continuous school improvement. Alexandria, VA: ASCD.

Schmoker, M. J., and R. Wilson. 1993. Total quality education. Bloomington, IN: Phi Delta Kappan.

Senge, P. M. 1990. The fifth discipline. New York: Doubleday.

Shields, C. M. 2004. Creating a community of difference. Educational Leadership 61(7):38-41.

Shouse, R. 1997. Academic press, sense of community, and student achievement. In Redesigning America education, 60-79.

Boulder, CO: Westview Press.

SiJverman, L. 1993. Counseling the gifted and talented. Denver: Love Publishing.

Sizer, T. R. 1984. Horace′s comprise: The dilemma of the American high school. Boston: Houghton Mifflin.

Smith, M. S. , S. H. Fuhrman, and J. O′Day. 1994. National curriculum standards: Are they desirable and feasible? In The governance of curriculum, ed. S. H. Fuhrman, 12-29. Alexandria,VA: Association for Supervision and Curriculum Development.

Sprague, J. , and A. Golly. 2003. BEST training manual: Building positive behavior support in schools. Longmont, CO: Sopris West Spring, Joel l994. Deculturalization and the struggle for equality: Brief history, of the education of dominated cultures in the United States, New York: McGraw-Hill.

Statistics. National Center for Education. 1995. The condition of education, 1995. Washington, DC: U. S. Government Printing Office.

Sternberg, R. J. (1985). Beyond IQ: A triarchic theory of human intelligence. Cambridge, MA: Cambridge University Press.

Stevens, M. 1992. School reform and restructuring: Relationship to gifted education. In Challenges in Gifted Education: Developing Potential and Investing Knowledge for the 21st Century, 49——55. Columbus, OH: Department of Education.

Stockard,J. , and M. Mayberry. 1992. Effective educational

environments. Newbury Park, CA: Corwin Press.

Stull, J. C. and D. J. Ryan. 2000. Introduction: Current trends in educational restructuring. In Restructuring education: Innovations and evaluations of alternative systems, ed. S. Hakim, D. J. Ryan, and J. C. Stull, 1-16. Westport, CT: Praeger.

Sullo, R. 1997. Inspiring quality in your school : From theory to practice. Washington, DC: National Education Association.

Tenny, J. 2004. eCOVE: Classroom observation toolkit. Accessed at: www.flowing-thought.com.

Thomas, R. M. 2002. Overcoming inertia in school reform: How to successfully implement change. Thousand Oaks, CA: Corwin Press.

Tomlinson, C. 1994. The easy lie in educating kids. Education Digest 60(2):29-33.

Treacy, M., and F. Wiersema. 1996. The discipline of market leaders: Choose your customers, narrow your focus, dominate your market. Reading, MA: Addison-Wesley.

Ulich, R. 1948. Man and reality Three dimensions of human experience. New Haven, CT: The Edward W. Hazen Foundation.

VanTassel-Baska, J. 1997. Excellence as a standard for all education. Roepler Review 20(1):9-13.

Verstegen, D. 1994. Reforming American education policy for the 21st century. Administration Quarterly 30:365-90.

Wells, A. S., & Crain, R. L. (1992). Do parents choose school quality or school status ? A sociological theory of free market education. In P. W. Cookson Jr(Ed.), The choice controversy(pp. 65-82). Newbury Park, CA: Corwin Press.

White, M. W. (1993). Series editor's introduction. In G. A. Smith (Ed.), Public schools that work: Creating community. (pp. vii-x). New York: Routledge.

——. (2001). The rhetoric and reality of standards-based school reform. Educational Policy, 15(4), 601-610.

Wilson, B. L. &Corcoran, T. B. (1988). Successful secondary schools: visions, of excellence in. American public education. New York: Falmer.

Winch, C. (1996). Quality and education. Cambridge, MA: Blackwell Publishers.

Wynne, E. (1972). The politics of school accountability; public information about public schools. Berkeley: McCutchan Publishers.

Zimmerman, E. (1997). Excellence and equity issues in art education: Can we be excellent and equal too? Arts Education Policy Review, 98(4), 20-27.

译后记

应内涵建设的需要，上海师范大学教育学院管理系选定了“教育制度变迁和学校组织变革”作为将来学术发展的主要方向，定期或不定期组织教师与研究生举办学术沙龙活动，完成了对上海成功教育管理咨询中心学校托管的一些研究。上海市教委 085 项目的支持，促成了本书的翻译。

本书的作者与上海成功教育管理咨询中心刘京海校长有类似的经历，都是推动自己学校成功变革之后再总结提炼出具有指导意义的知识，在现有体制下进行推广并卓有成效。这让我们备感亲切，尽管希斯强调公立学校如何应对各方面的压力，刘京海校长关注如何帮助学生成功，两者却有殊途同归之处——改善学校办学水平。

本书翻译中我们碰到了两个主要困难：第一，本书原著内容是在美国本土化教育制度背景下展开的，对这些制度给基础教育带来的影响缺乏直接体验；第二，也是与这套丛书中其他几本不同的地方，大量内容是访谈记录，一方面访谈对象来自美国不同地区不同类型的学校，另一方面没有访谈提问背景，使得翻译过程更为艰辛。对于这些问题，通过各种途径查找资料进行核对比较，积极地交流、讨论，黄海涛老师在美国的经历和体验使问题得到更好地解决，最终完成整个翻译工作。

作为085项目的成员，李莉老师一直负责组织本书的翻译工作，从选题、策划到确定翻译成员与工作方案，到多次反复样稿与讨论，直至最后统稿交稿，都倾注了她的心血。肖晓翻译了前言、第二、四、八、十章，王乐荣翻译了第一、三、五、七、九章，江伟参与了选题工作并翻译了第六章；肖晓和王乐荣进行了三次校稿之后，黄海涛老师负责全书的审校；肖晓负责全书的统稿工作。最后，由于译者能力水平的局限性，翻译时书中难免会出现疏漏之处，恳请广大读者批评指正。